LA VÉRITÉ

sur

LA COMMUNE

PAR

CH. BESLAY

ANCIEN REPRÉSENTANT DU PEUPLE ET DOYEN D'ÂGE
DE LA COMMUNE DE PARIS

DEUXIÈME ÉDITION
Revue et augmentée

BRUXELLES

LIBRAIRIE DE HENRI KISTEMAECKERS
60, BOULEVARD DU NORD, 60

NEUCHATEL

LIBRAIRIE JULES SANDOZ
12, rue de l'Hôpital, 12

GENÈVE

LIBRAIRIE DESROGIS
13, rue du Rhône, 13

1878

LA VÉRITÉ

sur

LA COMMUNE

PAR

CH. BESLAY

ANCIEN REPRÉSENTANT DU PEUPLE ET DOYEN D'ÂGE
DE LA COMMUNE DE PARIS

DEUXIÈME ÉDITION
Revue et augmentée

BRUXELLES

LIBRAIRIE DE HENRI KISTEMAECKERS
60, BOULEVARD DU NORD, 60

NEUCHATEL   GENÈVE

LIBRAIRIE JULES SANDOZ   LIBRAIRIE DESROGIS
12, rue de l'Hôpital, 12   13, rue du Rhône, 13

1878

LA VÉRITÉ SUR LA COMMUNE

NEUCHATEL. — IMPRIMERIE ATTINGER.

LA VÉRITÉ

SUR

LA COMMUNE

PAR

CH. BESLAY

ANCIEN REPRÉSENTANT DU PEUPLE ET DOYEN D'AGE
DE LA COMMUNE DE PARIS

DEUXIÈME ÉDITION
Revue et augmentée

BRUXELLES

LIBRAIRIE DE HENRI KISTEMAECKERS
60, BOULEVARD DU NORD, 60

NEUCHATEL	GENÈVE
LIBRAIRIE JULES SANDOZ	LIBRAIRIE DESROGIS
12, rue de l'Hôpital, 12	13, rue du Rhône, 13

1878

AVANT-PROPOS

La Commune vaincue n'a pas encore été entendue. La République officielle a été juge et partie dans sa propre cause. Depuis l'épouvantable bataille des sept journées de mai 1871 jusqu'à ce jour, il n'y a que le gouvernement de Versailles à prendre la parole. C'est lui qui tient les officines d'où l'on verse sur les fédérés vaincus, fusillés, condamnés, proscrits, le mensonge, l'outrage et l'infamie. C'est lui qui tient en main la presse officielle, l'histoire *ad usum vulgi*, l'enseignement public et toute cette immense publicité réactionnaire qui voudrait jeter sur la Commune, comme sur un bagne, un voile impénétrable et respecté. Et cela est si vrai que depuis six ans qu'il a ouvert ses prétoires pour rendre sa justice — disons le mot juste — pour exercer ses vengeances, ses conseils de guerre sont toujours debout!

Trame inutile! manœuvre impuissante! chercher à brider l'histoire, c'est vouloir empêcher la lumière de passer. L'histoire de nos jours n'a plus de secrets : mille fissures font peu à peu filtrer la vérité. On sait aujourd'hui que l'obstination et le conflit sont venus de Versailles, et non

de la Commune, qui ne voulait que la conciliation. On sait
que la Commune a été un pouvoir imprévu, né des circonstances, vaillant, honnête, profondément républicain, forcé
à la résistance, et qui n'a cherché dans sa résistance qu'à
consolider la République. On sait que la fusillade des
ôtages n'est rien auprès des innombrables massacres, ina-
vouables et inavoués, du gouvernement de M. Thiers. On
sait que sur ce point les haines de la bourgeoisie sont implacables et féroces. Et l'opinion peut-elle en douter, quand
elle lit dans les journaux publiés à Paris des récits pareils
à celui que l'on trouve dans la *Lanterne* du 4 mai 1877?
(Voir aux pièces justificatives.)

Il y a donc manifestement en France deux courants opposés, celui du pouvoir et celui de l'opinion.

Le pouvoir, représentation de cette bourgeoisie qui ne
voit plus que ses gros sous et qui ne comprend rien à cette
conservation sociale qu'elle met toujours en avant comme
une enseigne ; le pouvoir semble, comme le reptile, n'avoir
plus que du venin. En tout et pour tout, sous la présidence
de M. Thiers, comme sous la présidence du maréchal Mac-
Mahon, il ne cherche et ne poursuit que l'asservissement
du travail et l'anéantissement de tout ce qui a touché à la
Commune. Silence et proscription, telles sont ses règles de
conduite, et la politique d'aventures ouverte par le coup
d'Etat parlementaire du 16 mai ne fera que rendre plus violente encore cette politique qui ne voit en toutes choses
que le sabre !

Mais à côté du pouvoir, il y a l'opinion, qui est tout ; car
les pouvoirs passent et l'opinion reste. Or l'opinion a soif
de vérité. Elle veut savoir et elle saura. On a fait des héros
du siége de si vils scélérats qu'elle tient à voir face à face
la Commune et elle va résolûment au fond des choses. On

ne peut plus parler de ce drame sans voir surgir mille points d'interrogation. On cherche, on demande, on discute, et dès que l'on discute il faut conclure, et chaque conclusion donne un des côtés de la vérité.

Le jour de la lumière est donc proche et c'est pour hâter son arrivée que j'écris ce livre : *La Vérité sur la Commune.*

Deux voies m'étaient ouvertes : faire le récit des faits, raconter les événements auxquels j'ai été mêlé, et donner ainsi au lecteur tous les éléments du procès, — ou bien prendre corps à corps chacune des questions discutées, en faisant valoir, pour l'éclairer, tous les témoignages de l'histoire.

C'est au second parti que je me suis arrêté, et voici pourquoi. A mon avis, le premier de ces deux livres est fait, l'*Histoire de la Commune de 1871, par Lissagaray,* écarte la pensée d'entreprendre un semblable ouvrage. Le livre du citoyen Lissagaray est une œuvre magistrale. Tout est là : les faits, les hommes, les caractères, les incidents, les détails et les généralités, les discussions et les batailles, le récit au jour le jour, comme l'ensemble et la portée du drame. Je suis loin de partager toutes les idées de l'écrivain et je contredirai à haute voix quelques-unes de ses appréciations. Mais ces critiques ne feront que donner plus de prix à mon jugement, et pour moi le livre de Lissagaray, en publiant enfin une véritable histoire de la Commune, donne à la cause du peuple un éloquent défenseur qui introduit dignement le quatrième Etat dans la politique du monde !

Oui, l'histoire est faite et grandement réussie; mais il reste un groupe de questions controversées, et devant ces controverses je m'arrête au parti de passer en revue chacune des questions débattues, et de mettre, si c'est possible, chacune d'elles hors de toute contestation : mouvement du 18 mars, gouvernement de la Commune, situation de Paris, question de la Banque, question des ôtages, question des incendies, etc., etc..... Toutes ces discussions reviennent éternellement, non seulement dans la bourgeoisie, mais encore parmi les fédérés eux-mêmes, et il importe que sur chacun de ces grands problèmes historiques qui tiennent en suspens tous les peuples, il n'y ait plus qu'une seule et même opinion. Toutes les faces de la révolution de 93 ont été éclairées, toutes les faces de la révolution du 18 mars, qui introduit pour la première fois sur la scène l'élément social jusqu'à présent sacrifié, le prolétariat, doivent également être mises en lumière.

Dans un pays si fécond en révolutions, celle du 18 mars ne restera pas proscrite. Sa cause, à moitié gagnée, doit être plaidée sur tous les points et rester victorieuse devant l'opinion ; car, pour la Commune, comme pour 93, c'est à l'opinion qu'il faut toujours recourir, et c'est elle qui restera le grand juge ! !

PRÉFACE

Souvenirs qu'a laissés la Commune. — Souvenirs qu'a laissés le Gouvernement de Versailles. — Revirement de l'opinion. — Besoin qu'éprouve l'opinion de s'édifier sur ce grand drame révolutionnaire. — Le discours du citoyen Yves Guyot à Saint-Mandé.

Dix-huit mars!.... Date impérissable!.... Oui, en dépit de toutes les haines de la réaction, il faut dire date impérissable, et par le souvenir du plus formidable des soulèvements, et par le duel à mort de Paris et de Versailles, et par les deuils et les vengeances qu'éternise la République bourgeoise qui mène la France, puisqu'à l'heure qu'il est, après six ans de poursuites et de condamnations implacables, les vainqueurs en sont encore à ne pas vouloir entendre parler d'amnistie !

Il y a aujourd'hui six ans que Paris donnait au monde un des spectacles les plus extraordinaires que l'histoire ait eus à enregistrer dans ses annales.

Au milieu de l'effondrement de la patrie humiliée, vaincue, amoindrie de deux provinces, mise à la rançon de cinq milliards, la capitale de la France épuisée elle-même par un siége de cinq mois et par une contribution de guerre de 200 millions, se soulevait frémissante, et constituait à l'Hôtel-de-Ville un pouvoir souverain pour faire justice d'un Gouvernement et d'une Assemblée qui se présentaient comme des ennemis résolus à détruire la République.

Une guerre civile au milieu d'une guerre étrangère..., telle est l'exclamation que poussent bruyamment les classes que l'on appelle dirigeantes, et qui ne peuvent comprendre qu'on puisse porter la main, même pour la consolider en la reformant, sur cette citadelle que l'on vénère sous le nom de conservation sociale.

Une guerre civile? Et pourquoi pas, quand il s'agit d'une question de vie ou de mort? Est-ce que la République n'apparaissait pas alors, de même qu'aujourd'hui, comme l'unique moyen de régénérer la France? Est-ce que cette France officielle, trois fois perdue par trois monarchies aussi impuissantes que coupables, peut avoir un autre régime que celui d'une démocratie franchement égalitaire et un autre gouvernement que le gouvernement républicain?

La révolution du 18 mars ne serait donc condamnable que si la République n'avait couru aucun danger ; mais le Gouvernement et l'Assemblée nationale ont surabondamment démontré que leur politique était profondément hostile à la reconnaissance de la République, comme pouvoir définitif du pays.

Le peuple de Paris, avec sa perspicacité si vive, avait compris dès le premier jour qu'il avait devant lui des ennemis irréconciliables, et les événements ont prouvé que le peuple avait vu clair, à travers les masques des personnages qui occupaient alors les avenues des pouvoirs publics.

Faut-il rappeler que toutes les tentatives faites pour reconnaître la République étaient impitoyablement écartées, et que l'Assemblée de Versailles n'a voté, à une voix de majorité, le semblant de Constitution républicaine que l'on connaît, qu'après avoir bien constaté l'impossibilité absolue de faire une monarchie.

Faut-il rappeler que la majorité monarchique de l'Assemblée annonçait triomphalement, au mois d'octobre 1874 : « que la monarchie était faite! »

Faut-il rappeler que cette nouvelle de l'*arrivée du Roy* était le dernier mot d'une conspiration permanente, au grand jour, qui avait duré quatre années, conspiration qui avait commencé le jour où M. Thiers avait pris le pouvoir, et où le général Changarnier lui avait dit : « Et maintenant, nous allons tuer la gueuse ! »

C'était donc une Restauration que l'Assemblée nationale de Versailles apportait à la capitale, qui venait d'étonner le monde par l'héroïsme de ses actes.

Une restauration, après la restauration impériale qui venait de tomber ignominieusement à Sedan! A cette seule pensée, la garde nationale, c'est-à-dire la population toute entière, à peine sortant de la fournaise du siége, voulut obtenir des garanties pour le maintien de ses prérogatives qui étaient pour elles, en ce moment suprême, le point d'appui de son gouvernement républicain et de ses institutions municipales.

On connaît sur ce point l'attitude et les actes de M. Thiers, humble serviteur de la majorité monarchique, et j'ai contribué pour mon compte, dans la mesure de mes forces, à mettre en pleine lumière les fautes et les abominations commises par ce Gouvernement réactionnaire.

Mais aujourd'hui que les faits accomplis donnent à tous

ces événements leur juste mesure, n'est-il pas permis de dire avec la conscience publique :

Qui donc avait le mieux compris la situation et les nécessités du pays, de l'Assemblée nationale qui visait à une restauration, ou du peuple de Paris qui exigeait le maintien de la République, en fin de compte reconnue par la Chambre ?

Qui donc avait le mieux compris le problème des libertés publiques, de la Commune qui mettait en première ligne les franchises de toutes les Municipalités, ou de l'Assemblée qui ne faisait, sur ce point comme sur tous les autres, que de perpétuer les traditions monarchiques de nos institutions ?

Qui donc avait le mieux conscience de la crise sociale que nous traversons, de la Commune qui mettait à l'ordre du jour les problèmes du travail et du capital, pour réconcilier ces frères ennemis, ou de l'Assemblée qui écartait systématiquement ces questions, source unique des révolutions futures ?

Ayons donc le courage de le dire hautement : la Commune a été un pouvoir vaincu dans la rue, et, comme pouvoir vaincu, elle a été condamnée. Mais elle n'a pas été entendue, et puisqu'elle ne peut paraître à la barre des pouvoirs publics, son droit et son devoir sont de faire entendre sa voix au tribunal de l'histoire.

L'histoire dira qu'en réalité, si l'on fait le parallèle de la Commune et de l'Assemblée, le pouvoir de l'Hôtel-de-Ville était plus sincère, plus vrai, plus attaché au gouvernement existant, puisque la majorité de Versailles ne cherchait et n'attendait qu'une occasion de renverser la République.

Elle dira que le Comité central, expression de la Fédération de tous les bataillons de la Garde nationale, ne trouva, dans l'exercice de son mandat aucune opposition, aucune résistance, aucune protestation de la part de la Garde nationale, qui tenait à rester armée pour maintenir et consolider la République.

Elle dira que l'Assemblée de la Commune élue par son initiative fut composée sans aucun esprit de parti, puisque la bourgeoisie s'y trouvait représentée, et elle *** que les représentants de cette bourgeoisie eure*** de donner leur démission; car leur présence à Paris aurait pesé d'un grand poids dans les longues et nombreuses négociations qui se poursuivirent entre l'Hôtel-de-Ville et Versailles.

Elle dira qu'elle avait bien droit à la fondation du gouvernement définitif de la France, cette Garde nationale qui venait de relever l'honneur du pays, et qui ne faisait au pouvoir du 4 septembre qu'un reproche, celui de n'avoir pas assez mis en œuvre son dévouement et ses forces pour la délivrance de Paris, et elle ajoutera à bon droit que les héros de la veille ne devaient pas être traités le lendemain comme des criminels et des citoyens mis hors la loi.

Elle dira que la Commune ne fut pas l'insurrection d'un parti isolé, puisque les syndicats du commerce et de l'industrie et la plupart des grandes villes de France s'unirent à elle, pour obtenir que sa voix fût écoutée à Versailles et qu'une transaction intervînt pour arrêter les hostilités et prévenir l'effusion du sang.

Elle dira enfin que l'intérêt du gouvernement, l'intérêt de la bourgeoisie et l'intérêt de la patrie, sont d'effacer par une large et grande amnistie tous ces sanglants souvenirs, qu'on ravive en les tenant perpétuellement à l'ordre du jour de la politique, et qui ne font que rendre plus violents, plus aigus, plus implacables les antagonismes sociaux.

Toutes ces vérités se feront jour. Que dis-je? Elles commencent déjà à s'imposer à tous les esprits. En peut-on douter en présence de tout ce qui se passe? Voici le langage tenu en ce moment, en plein Paris, par le citoyen Yves Guyot, rédacteur des *Droits de l'homme*, au banquet de Saint-Mandé, donné par la rédaction de ce journal pour célébrer l'anniversaire de sa fondation.

À la fin de son discours, le citoyen Yves Guyot aborde la Commune et prononce les remarquables paroles suivantes :

« CITOYENS,

» Je ne veux pas parler de la Commune, mais faisons bien attention à ceci : il y a eu, le 18 mars, un mouvement insurrectionnel composé d'éléments complexes ; si nous voulions l'analyser, nous découvririons ce fait : Paris, qui avait voté « *non* » au plébiscite, avait été écrasé par les sept millions de « *oui* » des communes rurales, qui avaient cru naïvement que l'empire c'était la paix ! Et, deux mois après, Paris avait supporté tout l'effort de la guerre, il avait soutenu un siége de cinq mois : Paris, dis-je, se trouvait en face de l'Assemblée de Bordeaux, élue par cette majorité rurale en haine de la défense nationale, élue en haine de Paris, élue en haine de la République ! (Applaudissements.)

» Paris vit qu'à Bordeaux, et dès le premier jour, les députés monarchistes s'occupaient de renverser la République. Sur ce point, ils étaient tous d'accord ; ils ne se divisèrent que lorsqu'ils voulurent désigner un roi. Les légitimistes voulaient ramener Henri V ; les orléanistes, le comte de Paris ; les bonapartistes, Napoléon IV. Lorsque Paris se trouva en présence de cette Assemblée, lorsque Paris crut

que le sort de la République se trouvait entre ses mains,
Paris se leva.

» Il y eut une guerre acharnée ; car, vous le savez, dans
une guerre étrangère, on peut pardonner, mais dans une
guerre civile on ne pardonne pas. Au bout de six semaines,
l'armée de Versailles entrait dans Paris : vingt mille cadavres gisaient dans les rues, quarante mille Parisiens étaient
prisonniers. Les Conseils de guerre fonctionnèrent, dix
mille prisonniers furent envoyés à la Nouvelle-Calédonie.
— On put dire alors : L'ordre règne à Paris. (Applaudissements prolongés.)

» Comme jusqu'à présent la parole n'a été donnée qu'aux
vainqueurs, comme il a été impossible aux vaincus de se
faire entendre, nous devons nous abstenir de toute espèce
de jugement sur les actes de la Commune. Ils appartien-
nent à l'histoire. Dans ces conditions, nous ne devons nous
occuper que d'une seule question.

» Comment, au lendemain de la guerre avec les Prussiens, alors que les Prussiens ont occupé le cœur de la
France, alors que les souvenirs de Bazeilles, de Châteaudun
sont encore présents à la mémoire de tous, vous conviez les
Allemands à venir prendre part à l'Exposition ! — et je suis
loin de vous en blâmer.

» Comment, lorsque vous pardonnez aussi facilement aux
vainqueurs étrangers, vous n'aurez pas une parole de paix
pour les vaincus français !

» Cela est impossible ! (Applaudissements répétés.)

» Nous avons vu cependant, avec une profonde douleur,
que dans cette Chambre républicaine, il n'y avait eu que
cinquante-deux voix pour voter l'amnistie pleine et entière.

» Il faudrait distinguer entre les égarés et les coupables,

a-t-on dit, faire des catégories, amnistier selon les condamnations.

» Comment, parce que tel condamné aurait été jugé plus sévèrement que tel autre, parce qu'un tel aurait eu la chance d'échapper aux recherches, pendant que tel autre, peut-être moins coupable, aurait été déporté à la Nouvelle-Calédonie ou envoyé au bagne, celui-ci bénéficierait d'une amnistie dont ne profiterait pas celui-là ! Non, citoyens, il ne peut y avoir qu'une seule amnistie : l'amnistie pleine et entière. » (Vifs applaudissements.)

Voilà pourtant où nous en sommes. Le Gouvernement tend la main à la Prusse et l'invite à l'Exposition universelle de 1878, pendant qu'il reste sourd aux généreux appels du pays en faveur de l'amnistie. Voudrait-il donc perpétuer chez nous les ferments de guerre sociale et la fraternité de Caïn et d'Abel ?

Non, sans doute, parce qu'il serait impossible de persister jusqu'au bout dans cette obstination coupable, et que la pacification générale et complète du pays n'est possible que par l'amnistie. Comme la lumière, la vérité se fait jour par toutes les fissures, et le discours du citoyen Yves Guyot nous prouve que la vérité commence à se faire comprendre.

J'ai à cœur qu'on la connaisse pleine et entière, sans ambages et sans restrictions, sans palliatifs et sans réticences, et c'est dans ce but que je me suis longuement étendu dans mon livre des *Souvenirs* sur les événements de la Commune.

Mais bien des actes, bien des mesures, bien des épisodes sont encore restés dans l'ombre. Les vainqueurs ont seuls pris la parole, jusqu'à présent, seuls ont ils ont été écoutés. Comme si les fautes et les refus obstinés du Gouvernement de Versailles ne devaient pas compter dans le jugement que

prononcera l'histoire ! De terribles responsabilités pèsent sur
la politique suivie par M. Thiers, et en prenant la parole
au sujet de l'amnistie, le citoyen Raspail a pu dire, sans
être contredit par personne, que tous les auteurs responsables des faits reprochés à la Commune n'étaient pas à
Nouméa.

C'est pour que la vérité apparaisse, avec tous ses témoi-
guages irrécusables, au grand jour de la justice, que j'écris
ce dernier livre, et le lecteur me permettra de dire que je
suis dans une situation exceptionnellement favorable pour
dire exactement ce qu'ont été les hommes, les actes et les
événements de cette tragique histoire.

Né dans la bourgeoisie, membre de la Chambre des députés en 1830 et de l'Assemblée nationale en 1848, ancien
collègue de M. Thiers, mêlé à la grande insurrection de
juin 1848, je connais à fond les préjugés, les préventions,
les haines aveugles et les résistances jusqu'à présent invin-
cibles que les classes dirigeantes n'ont cessé de montrer contre le peuple et les travailleurs. Pour la bourgeoisie, le travail n'est qu'un frein.

Membre de la Commune, siégeant du côté de la minorité, délégué de la Commune à la Banque de France, profondément dévoué à la cause du travail que j'ai embrassée
et que je n'ai jamais désertée, j'ai été témoin de tous les
actes et de tous les événements dont je parle, et je ne fais
qu'obéir au cri de ma conscience en rendant témoignage de
tout ce que je sais, de tout ce que j'ai vu, de tout ce que j'ai
fait.

Proscrit après la chute de la Commune, protégé par une
ordonnance de non-lieu, j'ai voulu jusqu'au bout partager
le sort et les souffrances de mes compagnons d'infortune,

et depuis six ans, si j'ai la douleur de vivre loin de mon pays et de ceux qui me sont chers, j'ai du moins la consolation de voir que la lumière se fait de jour en jour plus grande sur les hommes et les choses de ces crises douloureuses. L'opinion se dit déjà que, si les vainqeurs ont usé et abusé de leur triomphe, les vaincus ont aussi droit à la parole.

Le discours prononcé par le citoyen Yves Guyot au banquet de Saint-Mandé prouve que cette parole sera entendue. Chacun comprend que si l'on demande compte à la Commune de ses fusillades, connues, limitées et très restreintes, il est juste aussi de demander compte au Gouvernement de Versailles de ses exécutions sommaires, prolongées pendant les trois derniers jours de la lutte, et portées à un chiffre que le pouvoir n'a jamais osé faire connaître. Chacun comprend que si l'on condamne l'insurrection de la Commune en face de l'étranger, il est juste aussi de flétrir cette conspiration ouverte de tous ces hommes sans foi ni loi, qui n'avaient qu'un but, la chute de la République, que la Garde nationale était résolue à maintenir.

C'est ainsi que tous les épisodes de ce grand drame s'éclairent les uns par les autres, et c'est pour arriver à cette lumière pleine et entière, pour empêcher la justice d'avoir deux poids et deux mesures, que j'écris ce livre.

Puisse-t-il contribuer à réaliser le dernier vœu de ma vie, la réconciliation du peuple et de la bourgeoisie, l'alliance du travail et du capital, et par cette alliance la paix des générations futures !

CHAPITRE I.

C'est là, disons-le hautement, l'une des données essentielles du grand drame de la Commune, et sur ce point capital, il importe que l'histoire prononce enfin son *Fiat lux*, car c'est à cette origine que se rattachent toutes les responsabilités et toutes les conséquences que les vainqueurs n'ont pas cessé d'écarter de leurs têtes.

Depuis six ans, l'attitude, le langage, les actes des hommes qui ont combattu et vaincu la Commune, n'ont cessé de verser goutte à goutte le venin dont leur cœur était rempli. La Commune et les 215 bataillons de fédérés qui la défendaient, ne représentaient qu'une poignée de pillards, d'assassins et de scélérats. La collection de l'*Officiel* de Versailles est un vivant témoignage qui restera pour attester devant la postérité de quelles calomnies, de quels mensonges, le gouvernement de M. Thiers a essayé d'enténébrer les préliminaires du mouvement du 18 mars.

Depuis le premier jour jusqu'au dernier, ces affirmations sont restées les mêmes, et pour montrer sur ce point la perfidie des historiens de Versailles, nous devons consigner ici les conclusions aussi odieuses que mensongères de deux documents officiels, dont il est temps de faire justice.

Ces deux documents sont : 1° La circulaire de M. Jules Favre, alors ministre des affaires étrangères ; 2° Le rapport fait par M. Delpit, au nom de la commission chargée d'examiner la proposition de M. Haentjens, tendant à faire nommer une commission d'enquête sur la cause de l'insurrection de Paris. On dirait, en vérité, que ces deux hommes, en apparence placés aux deux pôles de l'Assemblée, se sont donné la main pour flétrir avec la même astuce un mouvement révolutionnaire auquel ils étaient absolument étrangers et dont ils ne pouvaient comprendre la signification. C'est qu'en effet, pour M. Jules Favre, comme pour M. Delpit, le 18 mars et la Commune restaient un monde incompréhensible et fermé, et pour le réactionnaire du vieux parti républicain, comme pour le réactionnaire du vieux parti monarchique, la révolution du travail ne pouvait être qu'une énigme. La bourgeoisie républicaine s'est montrée pour la cause du travail aussi intraitable, aussi inique que la bourgeoisie monarchique.

Ecoutez le langage du ministre républicain et le langage du rapporteur monarchiste. C'est absolument la même note fausse et le même désir de noircir des hommes qu'ils ne connaissent même pas. Pour l'un comme pour l'autre, c'est l'*Internationale* qui a produit l'explosion du 18 mars.

Pour un membre du Gouvernement de la Défense nationale, pour un assiégé qui avait pu, depuis cinq mois, tou-

cher du doigt chaque jour la palpitation de la population
parisienne, pour un républicain qui revendiquait l'honneur
d'avoir gardé intacte, à travers les *turpitudes* de l'empire,
la tradition de la démocratie française, on se demande comment la plume ne s'est pas brisée dans la main du ministre
des affaires étrangères, quand il écrivait cette circulaire ve-
nimeuse qu'il envoyait, à la date du 11 juin 1871, à tous
les représentants de la France à l'étranger. Cette circulaire,
écrite à tête reposée, est le digne pendant du discours in-
cendiaire qu'il prononça le 3 avril à l'Assemblée et dans
lequel il appelait à grands cris sur les *scélérats* qui oppri-
maient Paris, la vengeance et la mort! Comment le défenseur des accusés d'avril n'a-t-il pas senti le rouge lui
monter au front, en appelant la fusillade et la mitraillade
sur les descendants de ceux qu'il défendait naguère avec
tant d'éloquence devant la Chambre des pairs?

Enregistrons le faux témoignage qu'il a légué à l'histoire,
mais dont l'histoire se dépouillera à sa honte :

« Pour entraîner la malheureuse population de Paris, les
» criminels qui siégeaient à l'Hôtel-de-Ville ne reculèrent
» devant aucun attentat. Ils firent appel au mensonge, à la
» proscription, à la mort. Ils enrôlèrent les scélérats tirés
» des prisons, les déserteurs, les étrangers. Tout ce que
» l'Europe renferme d'impur fut convoqué; Paris devint le
» rendez-vous des perversités du monde entier. L'Assem-
» blée nationale fut vouée aux insultes et à la vengeance.

» J'omettrais un des éléments essentiels de cette lugubre
» histoire si je ne rappelais qu'à côté des jacobins parodis-
» tes qui ont eu la prétention d'établir un système politi-
» que, il faut placer les chefs d'une société, maintenant
» tristement célèbre, qu'on appelle l'*Internationale, et dont*
» *l'action a peut-être été plus puissante que celle de leurs*

» *complices, parce qu'elle s'est appuyée sur le nombre, la*
» *discipline et le cosmopolitisme.* »

Suit un long exposé des doctrines de l'*Internationale*, que
le citoyen Jules Favre analyse comme Laubardemont ana-
lysait les lettres de ceux qu'il voulait envoyer au supplice.
En un mot, la population parisienne a marché, mais sous
l'impulsion de l'*Internationale*, qui était le véritable moteur
de la lutte.

———

Tel est le premier témoignage; voici le second, celui de
M. Delpit, que l'on dirait copié sur celui du ministre de
M. Thiers :

« Le nom de l'Internationale a été prononcé bien des fois
» depuis le 18 mars. L'opinion publique attribue à cette so-
» ciété une grande part dans l'insurrection de Paris. Elle
» accuse ses doctrines d'avoir créé le milieu moral dans le-
» quel la Commune a été possible, elle accuse ses adeptes
» d'avoir formé le Comité insurrectionnel et poussé la Com-
» mune aux actes détestables sous le poids desquels nous
» restons accablés de honte et de douleur.
» *Cette première cause* de l'insurrection de Paris, l'in-
» fluence des sociétés secrètes et de l'*Internationale*, en
» particulier, n'a pu agir avec tant de force que parce qu'elle
» a trouvé des éléments tout préparés, par les fautes des
» gouvernements antérieurs, dans le trop rapide et tout à
» fait anormal développement de la capitale et dans l'ag-
» glomération plus anormale encore d'une immense popula-
» tion ouvrière qui a été appelée de toutes les parties de la
» France et du monde. »

———

Voilà donc, au dire des représentants de la bourgeoisie dirigeante, quelle a été l'origine du mouvement du 18 mars. Dans la mêlée des premiers jours, l'insurrection de Paris n'était qu'une poignée de brigands. Plus tard, à la lueur des témoignages de l'histoire. c'était une armée mise en avant par l'*Internationale !* Jamais le procédé de Basile n'a été pratiqué avec plus de noirceur ! L'*Internationale !* Que l'on consulte les journaux de Paris et de Versailles pendant la lutte des deux gouvernements, et l'on s'apercevra que le pouvoir et les calomniateurs de Versailles n'ont pas même songé dans le premier moment à prononcer son nom !

L'*Internationale !* Voici une lettre de l'un de ses adeptes, le citoyen Karl Marx, à l'un des membres de la Commune, et qui prouve d'une manière manifeste l'abstention complète de cette société pendant la guerre franco-prussienne. Sa lettre débute ainsi :

« *Le mouvement de Paris, magnifique en principe, me*
» *semble prématuré quant à son exécution.* La Commune
» de Paris est fatalement condamnée à succomber, si un
» mouvement irrésistible de la province ne vient la déblo-
» quer. »

Est-ce clair? Le mouvement était purement et simplement une résistance de Paris et de la garde nationale à la politique de Bordeaux, résistance que j'ai précisée dans mon livre : *Souvenirs*.

Pour apprécier avec exactitude les causes du mouvement du 18 mars, il faut bien se rappeler dans quelle situation se présentaient alors Paris et Bordeaux ! On peut affirmer hardiment que l'histoire manquera à son devoir d'impartialité et de justice, si elle oublie de mettre en relief ce que le gouvernement de la Défense nationale avait fait de Paris. C'est surtout dans les grandes crises que tout s'enchaîne en politique. Si l'on dit avec raison que la cause première de la révolution de 1830 se trouve dans tous les agissements de la réaction violente de la Restauration, si l'on trouve logiquement la cause de la révolution de 1848 dans la politique personnelle de Louis-Philippe, il est encore plus rigoureusement exact de dire que la cause première de l'explosion de la Commune se retrouve tout entière dans la conduite tenue successivement par le Gouvernement de la défense nationale, par l'Assemblée réunie à Bordeaux et par le chef du pouvoir exécutif nommé par elle.

Nous l'avons dit : à chacun ses actes et sa responsabilité. La Commune de Paris en 1871 n'est pas née, comme la réaction se plaît à l'affirmer, des ferments révolutionnaires qui s'agitent toujours dans les faubourgs de Paris; elle est le résultat créé par la guerre, par le siége, par l'Assemblée et par le nouveau gouvernement constitué par elle. Cette question présente, au point de vue de l'histoire, la plus grande importance, parce qu'il est absolument nécessaire que le jugement de l'opinion demeure juste et vrai dans son inflexibilité.

Oui, c'est la politique du Gouvernement de la défense nationale, disant : *Ni un pouce de notre territoire, ni une pierre de nos citadelles;* c'est cette politique disant dans une proclamation : « Le gouvernement de Paris ne capitulera pas! » c'est cette politique de jactance et de lâcheté. de ruse et de mensonge, qui seule alluma cette suspicion universelle de Paris et de ses bataillons.

Oui, c'est la politique de l'Assemblée de Bordeaux, votant la paix, découronnant Paris et abandonnant à elle-même cette garde nationale parisienne qu'on allait traiter comme une criminelle, quand on décrétait la veille qu'elle avait relevé avec héroïsme l'honneur du pays et qu'elle avait bien mérité de la patrie.

Oui, ce sont les actes du gouvernement de M. Thiers, actes qui ne semblaient avoir pour but que d'irriter la capitale, ce sont ces actes qui ont mis le comble à la colère des bataillons.

Mais il faut ajouter immédiatement que cette situation exclusivement politique, depuis le commencement jusqu'à la fin, n'a jamais fait sortir le peuple de Paris de son attitude passive et expectante. Ces bataillons avaient patienté jusqu'à la nomination du général d'Aurelles de Paladine, sans mot dire, et le 18 mars ils n'ont fait, en réalité, que reprendre les canons qu'ils avaient payés et qui leur appartenaient.

L'histoire dira donc hautement que la politique a été le premier et le dernier mot de cette grande journée : Il n'y a eu là ni socialisme, ni *Internationale*, ni sociétés secrètes, et à la conviction que nous exprimons ici de toutes les forces de notre âme, nous sommes heureux d'ajouter l'éloquent témoignage du beau livre du citoyen Lissagaray : *Histoire de la Commune de 1871*.

Ce livre, aussi sévère pour la Commune que pour le gouvernement de Versailles, inspire une sereine confiance et fait toucher du doigt la vérité.

Qu'on lise cette page émouvante et qu'on dise qui fut coupable, de Paris ou de Versailles.

« Qui a créé la situation révolutionnaire du 18 mars? Qui
» a précipité l'explosion?

» Est-il vrai que, dans les premiers jours, la proclama-

» tion de la République, le vote d'une bonne loi municipale,
» eussent tout pacifié? Est-il vrai que Versailles ait obsti-
» nément refusé toute transaction ?

» Est-il vrai que Versailles ait attaqué Paris sans som-
» mation; que, dès la première bataille, on fusille les pri-
» sonniers?

» Est-il vrai que les tentatives de conciliation soient tou-
» jours venues de Paris ou de la province, et que Versailles
» les ait toujours repoussées ?

» Est-il vrai que, pendant deux mois de lutte et de sou-
» veraineté, les fédérés aient respecté la vie de leurs enne-
» mis politiques?

» Est-il vrai que Versailles ait fusillé dix-sept mille per-
» sonnes au moins pour venger des murs incendiés et la
» mort de soixante-quatre ôtages ?

» Est-il vrai que des milliers aient été condamnés à la
» mort, à la transportation, au bagne, à l'exil, par des ar-
» rêts dont les gouvernements les plus réactionnaires ont
» reconnu l'iniquité ?

» Que les hommes équitables répondent. Qu'ils disent de
» quel côté est le criminel, l'horrible. Qu'ils disent quelle
» est la moralité, l'intelligence d'une classe gouvernante
» qui a pu rendre inévitable et réprimer de la sorte un
» mouvement comme le 18 mars.

» Et si, maintenant, je me mets en face des événements,
» des travailleurs, de ce parti républicain français qui,
» avant sa castration par les opportunistes, représentait
» non-seulement l'avenir de la France, mais celui de l'hu-
» manité, n'ai-je pas le droit de dire :

» Oui, ils avaient raison de prétendre conserver leurs ca-
» nons, leurs fusils, ces Parisiens qui se souvenaient de
» juin et de décembre; oui, ils avaient raison de dire que

» les monarchistes complotaient une restauration ; oui, ils
» avaient raison de lutter à mort contre l'avénement du
» prêtre ; oui, ils avaient raison d'entrevoir dans la répu-
» blique conservatrice, dont M. Thiers leur présentait la
» pointe, une oppression anonyme aussi dure que le joug
» impérial, les droits du travail refoulés, les amis du peu-
» ple au bagne, pendant que les plus sales bonapartistes et
» les irréconciliables de jadis, assis sur les bancs de la
» même Chambre, iraient, après les horions de la séance,
» joindre leurs mains dans les couloirs.

» Vraiment, il fait beau voir les ventrus radicaux de-
» mander avec dédain ce que signifiait cette insurrection,
» ce qu'elle a produit, eux qui, après dix mois de règne,
» n'ont produit que des apostasies et des bégaiements.

» La révolution du 18 mars était un rappel à l'ordre
» adressé par le républicain de France à tous les rèvements
» des anciens régimes. Elle a donné aux travailleurs con-
» science de leur force, tracé la ligne bien nette entre eux
» et la bourgeoisie massacrante. Elle a éclairé les relations
» des classes d'une telle lueur que l'histoire de la révolu-
» tion de 89 en a été illuminée et qu'il faut désormais la
» reprendre en sous-œuvre. Grâce à elle, le travailleur ne
» s'attroupera plus devant la jonglerie radicale. Il est un
» parti constitué.

» La révolution du 18 mars était un rappel au devoir
» adressé à la petite bourgeoisie. Le 18 mars lui disait : Ré-
» veille-toi, reprends ton rôle d'initiatrice. Saisis le pou-
» voir avec l'ouvrier et remettez tous deux la France sur
» ses rails. Le jour n'est pas loin peut-être où cette classe
» comprendra.

» Voilà ce que signifiait, voilà ce qu'a produit le 18 mars.
» Voilà pourquoi ce mouvement est une révolution, car il a

» divisé les eaux et la terre; voilà pourquoi la haute bour-
» geoisie n'y songe qu'avec fureur ; voilà pourquoi tous les
» travailleurs du monde sont les débiteurs des combattants
» de Paris. »

Nous n'avons pas voulu retrancher une ligne de cette page admirable, qui montre, dans son ensemble, le commencement et la fin de la révolution du 18 mars; mais en revenant à la question spéciale que nous discutons, on voit que le témoignage de cet historien, à coup sûr impartial, affirme hautement que le gouvernement, en reconnaissant la république et en votant une bonne loi municipale, pouvait écarter tous les périls d'une explosion.

L'histoire dira, en toute justice, que le gouvernement pouvait et devait d'autant plus le faire, que Paris, en ce moment, pesait d'un grand poids dans la balance des événements et que le devoir commandait, sous l'œil de l'ennemi, de ne porter aucune atteinte au faisceau des forces que la république avait mis debout pour chasser l'étranger et reconstituer la France muselée par le bonapartisme.

L'histoire reconnaîtra que le devoir du gouvernement lui recommandait d'autant mieux de donner cette satisfaction à Paris, qu'il s'est vu plus tard dans l'obligation de le faire, et que cette reconnaissance immédiate de la république avait alors pour la France l'immense avantage de lui assurer l'économie d'une révolution.

L'histoire enfin sera obligée de confesser que les actes qui ont été comme l'aiguillon du mouvement sont tous du côté du gouvernement, tandis que Paris restait l'arme au bras, attendant les décisions du pouvoir.

Eh bien ! dès qu'il est établi que, dans cette crise, le

membre *actif* a été le gouvernement et que Paris n'a été que le membre *passif*, n'est-il pas dès lors incontesté que les causes de l'explosion remontent tout entières au pouvoir, aux ministres et à l'Assemblée, qui ont jeté à qui mieux mieux sur un milieu déjà brûlant tous ces tisons propres à allumer l'incendie?

Paris voulait la république — on la lui refuse.

Paris voulait rester capitale — on lui préfère Versailles.

La garde nationale, souffrante, demande le maintien de ses trente sous — on s'apprête à les supprimer.

Les bataillons demandent un général républicain — on leur envoie un général réactionnaire.

La garde nationale veut garder les canons qu'elle a payés et qui sont sa propriété — on organise un coup de main pour les lui reprendre.

Ainsi de tout. Et l'on ose accuser Paris? L'histoire à la main, nous répondons que toutes les causes du 18 mars, absolument toutes, remontent au gouvernement qui a provoqué le mouvement.

Qu'on juge de l'effet produit par cette avalanche de résolutions foudroyantes sur la garde nationale et la démocratie parisienne!

Ce n'est pas tout. Non-seulement le gouvernement se montrait l'ennemi acharné de Paris, mais il prenait le parti abominable de l'abandonner à lui-même, comme pour le réduire au désespoir et en avoir plus facilement raison.

Le 18 mars, c'est à peine si l'on trouvait à Paris deux ou trois ministres, Picard, Jules Favre, Ferry et quelques maires des arrondissements. Le gouvernement, l'armée, les administrations fuyaient à qui mieux mieux vers le rendez-vous général de Versailles, où la réaction, le pouvoir, l'Assemblée et les généraux allaient organiser la perte de la ca-

pitale, coupable de vouloir maintenir debout la république
et la garde nationale.

Voici la situation, telle que l'a décrite un écrivain qui défendait la révolution du 18 mars :

« Au 18 mars, le gouvernement dit *légal* avait fui. Der-
» rière lui avait fui l'armée, la police, l'administration, la
» magistrature.

» Plus un seul représentant officiel de la société organi-
» sée, pas même un simple employé.

» Vides les ministères, vides les casernes, vide la préfec-
» ture de police, vides les tribunaux, depuis la cour de
» cassation jusqu'à l'humble salle de la justice de paix.

» Vides les mairies, vide l'administration des postes.

» Vides les caisses, car tous ces fuyards, tous ces déser-
» teurs, ne manquaient jamais de sauver la caisse.

» La table rase la plus complète qu'on ait jamais vue. »

Table rase, en effet, et devant cette accumulation d'actes
directement combinés pour mettre à bout la garde nationale, qui donc pourra donner un démenti à l'histoire quand
elle dira :

— Le 18 mars? C'est le gouvernement qui l'a voulu !

CHAPITRE II.

La Commune pouvait-elle être évitée? — Oui, la Commune pouvait être évitée. — *Pour le prouver, mettre en regard ce que demandait la garde nationale de Paris par le Comité central, et ce qu'a fait le Gouvernement.* — Paris ne demandait que le maintien de la République et de la garde nationale de Paris. — Les événements ont prouvé que l'Assemblée ne voulait que son renversement.

Le premier mot de notre premier chapitre répond catégoriquement à cette question, qui présente, au point de vue des responsabilités, une gravité extrême. Il est clair que si Paris n'a eu qu'une attitude *passive*, ces fautes et leurs conséquences tragiques doivent retomber sur ceux qui ont déployé, au point de vue de la réaction, une politique *active*.

Or, si Paris n'a rien dit, n'a rien fait pour faire éclater le conflit, il est permis d'affirmer hautement que la Commune pouvait être évitée et qu'on ne peut la reprocher qu'à ceux-là seuls qui ont tout fait pour la faire naître.

Sur ce point capital, le doute n'est pas permis et l'opinion que j'ai exprimée dans mon livre *Mes souvenirs* s'appuie sur cet antagonisme flagrant de la politique de Paris et de la politique de Bordeaux, que la majorité rurale de l'Assemblée mettait si imprudemment aux prises.

Voici ce que j'ai dit et ce que je maintiens :

« A Bordeaux, il faut bien convenir que le milieu poli-

» tique s'agitait dans des conditions absolument différentes.
» Si Paris songeait encore à la guerre, Bordeaux ne son-
» geait plus qu'à la paix. C'étaient le pôle arctique et le
» pôle antarctique de la politique. »

Et la preuve, c'est qu'immédiatement après l'acceptation des préliminaires de paix, la délégation de Bordeaux, qui représentait la lutte à outrance, se crut obligée de donner sa démission.

Cette démission de Gambetta montrait bien quel était le courant qui emportait à Bordeaux le Gouvernement de la Défense nationale encore debout, la majorité de la Chambre, et, par conséquent, le nouveau pouvoir qu'elle allait instituer. Le vote des préliminaires de la paix, dès les premiers jours, dessinait nettement cet antagonisme des deux partis qui inspiraient Bordeaux et Paris. C'est à peine si une minorité de 107 voix se prononçait pour le rejet des propositions prussiennes.

Après cette première résolution, il fallait s'attendre à tout, et l'Assemblée envoyait coup sur coup à Paris, qui bondissait d'indignation, les nouvelles les plus capables de pousser les esprits aux résolutions les plus extrêmes.

Ainsi, après avoir voté les préliminaires de paix, l'Assemblée nationale remplaçait le Gouvernement de la défense nationale par un chef du pouvoir exécutif, qui composait un nouveau ministère pour inaugurer la politique de paix adoptée par la Chambre. Le choix fait par l'Assemblée était sans doute indiqué par les électeurs : M. Thiers avait été élu représentant du peuple dans vingt-huit collèges et son nom s'imposait en quelque sorte aux suffrages de ses collègues. C'était lui que le pays portait à la première présidence de la république.

Mais, à tort ou à raison, M. Thiers, à l'époque que je

rappelle, était certainement considéré comme le plus mortel ennemi du régime républicain. La démocratie tout entière, qu'il avait autrefois essayé de flétrir par le mot célèbre de *vile multitude*, le regardait comme un monarchiste incorrigible et comme le représentant avoué de l'orléanisme. C'est là un point hors de toute contestation.

L'Assemblée commençait donc par envoyer à Paris les deux nouvelles les mieux faites pour inspirer aux bataillons toujours armés de la garde nationale les projets les plus révolutionnaires.

Elle mettait la France sous le talon de la Prusse ;

Elle se montrait hostile à la république.

Etait-ce ainsi qu'on pouvait songer à donner satisfaction à la capitale, qui venait de sauver, par son attitude héroïque, l'honneur du pays perdu par l'empire?

Ce que voulait Paris, nous l'avons dit : c'était la lutte à outrance, sans trêve ni merci. Le cri universel de la capitale a toujours été celui-là.

Dans le courant du mois de janvier, tous les arrondissements de Paris avaient nommé des délégués, qui se réunissaient en publiant une adresse pour faire connaître au peuple les mesures de salut qui restaient à prendre. Cette adresse se terminait ainsi :

« Le grand peuple de 89, qui détruit les bastilles et ren-
» verse les trônes, attendra-t-il dans un désespoir inerte que
» le froid ou la famine aient glacé dans son cœur, dont
» l'ennemi compte les battements, sa dernière goutte de
» sang? — Non.

» La population de Paris ne voudra jamais accepter cette
» misère et cette honte. Elle sent qu'il en est temps encore,
» que des mesures décisives permettront aux travailleurs de
» vivre, à tous de combattre.

» Réquisitionnement général — rationnement gratuit.

» Attaque en masse.

» La politique, la stratégie, l'administration du 4 septem-
» bre continuées de l'empire, sont jugées. Place au peuple !
» Place à la Commune !

Cette adresse, que je signai comme délégué du 6e arrondissement, traduisait en termes énergiques les aspirations
ardentes de Paris.

J'ai rappelé, en effet, dans le chapitre précédent, comment avait été accueillie la nouvelle de la convention du
28 janvier par les bataillons de la garde nationale, par les
mobiles, par la marine, par l'armée, par la population
tout entière. Et c'est sur cette poudrière immense que
l'Assemblée faisait tomber à chaque instant ces nouvelles
effrayantes comme autant de tisons jetés pour la faire
sauter :

Le démembrement de la France ;

Une indemnité de guerre de cinq milliards ;

La nomination de M. Thiers comme chef du pouvoir exécutif ;

Le choix de Versailles pour le séjour de l'Assemblée ;

La nomination du général d'Aurelles de Paladines comme
général en chef de la garde nationale, au lieu du général
Chanzy, qui eût été accueilli avec enthousiasme ;

L'entrée des Prussiens à Paris ;

L'enlèvement des canons qui appartenaient à la garde nationale et qu'il eût été facile de parquer de manière à éviter
tout conflit.

Les faits que nous résumons attestent que Paris, le
18 mars, avait été, comme à plaisir, poussé à bout par une

série d'événements formidables. Pour employer une image qui sera comprise de tout le monde, Paris ressemblait à un canon que l'on a chargé jusqu'à la gueule et que les mains imprudentes du gouvernement ont fait partir. En présence d'un pareil résultat, n'est-il pas juste de rappeler cette parole de Montesquieu : « La responsabilité d'une guerre ne » retombe pas sur ceux qui la font, mais sur ceux qui l'ont » rendue nécessaire. »

L'attitude de Paris était d'autant plus recommandable que Paris avait des ressentiments profonds. Les folies de l'empire, les hontes de sa chute, les douleurs du siége, les tromperies des hommes du 4 septembre, les humiliations de la défaite, les insolences de l'armée prussienne, l'entrée des vainqueurs à Paris, les excitations de la politique de Bordeaux, la misère des faubourgs, tout faisait de la capitale une cité chauffée à blanc et qu'il fallait calmer par tous les moyens possibles.

Eh bien! en dépit de cette surexcitation si légitime, le Comité central, il importe de le remarquer, montre le même esprit de conciliation que la Commune elle-même et il ne recule devant aucun moyen d'arriver à une entente avec les représentants du pouvoir.

Le ministre de l'Intérieur, M. Picard, dénonce les hommes du Comité central comme « un Comité anonyme. » A cet odieux mensonge, les hommes du Comité central répondent par des affiches portant les noms et les adresses des délégués de la garde nationale, et l'apparition de ces hommes nouveaux, étrangers à la politique comme à l'*Internationale*, montre précisément quelle a toujours été la perfidie des hommes du gouvernement à leur égard. D'un côté, c'est M. Jules Favre, ministre des affaires étrangères, qui affirme, comme nous l'avons vu dans une circulaire, que le mouvement a été provoqué par les hommes de l'*Internationale*. De l'autre, c'est M. Picard, ministre de l'Intérieur, qui dit, un jour, que le Comité est un *Comité anonyme*, et qui, plus tard, essaie de le flétrir, en disant, dans un autre document officiel, que ce sont « *des communistes.* » N'importe! Les hommes du Comité central ont répondu à l'appel du ministre. Ils ont envoyé des délégués au ministère de l'Intérieur, et si l'on ne s'est pas entendu, c'est qu'au ministère on ne voulait rien faire et qu'on n'avait qu'un but, se défaire de la garde nationale.

Ce n'est pas seulement avant le 18 mars, c'est après cette grande journée que le Comité central, installé à l'Hôtel-de-Ville, se montre tout prêt à transiger, pourvu que l'on reconnaisse les droits de la garde nationale. Les entrevues des maires et des députés de Paris et des représentants du Comité central ne sont-elles pas un témoignage irrécusable de ces dispositions conciliantes et pacifiques? Et le refus de rien accorder aux plus minces revendications de Paris, n'est-il pas une preuve convaincante que le gouvernement tenait à pousser les choses à la dernière extrémité?

Les calomnies des historiographes de Versailles ne peuvent rien contre les faits. Il suffit d'un peu de bonne foi pour reconnaître aujourd'hui ces vérités indéniables. Les histoires de la Commune qui ont pu être publiées à Paris ne laissent aucun doute sur le point capital que nous discutons.

La Commune de 1871, qui a paru, en 1871, sous le coup des événements, à la librairie Armand Chevalier, dit précisément à propos de la question qui nous occupe:

« Les demandes que les deux comités de la garde natio-

» nale adressaient au gouvernement *étaient réellement ac-*
» *ceptables.* Mais le pouvoir devait agir promptement, fran-
» chement, sans détour, sans arrière-pensée, et le gouver-
» nement, préoccupé autre part de la grosse question de la
» conclusion de la paix, ne se doutait certainement pas de
» l'imminence du péril. Il ne vit dans les menées du Co-
» mité central que les efforts impuissants d'un Comité su-
» balterne de la démagogie révolutionnaire. Mais pour
» quiconque avait assisté à ces réunions de la salle du
» Vauxhall, qui comprenaient douze à quinze cents délégués
» de la garde nationale, il était clair que le Comité central
» prenait de jour en jour un tel empire qu'il en devenait
» manifestement l'âme, et que, par conséquent, le gouver-
» nement, en ne tenant compte que du Comité central, fai-
» sait absolument fausse route. C'est la garde nationale
» qu'il fallait avoir en vue, et, abandonnée à elle-même, la
» garde nationale se détachait du gouvernement qui se mé-
» fiait d'elle pour s'unir au Comité central, qui prenait cha-
» leureusement sa défense. La nomination du général d'Au-
» relles de Paladines n'avait fait que rendre plus hostiles
» les dispositions de l'armée citoyenne. Le commandement
» de Chanzy eût été accueilli avec enthousiasme. Comment
» le gouvernement ne l'a-t-il pas compris? Le nuage qu'on
» aurait pu dissiper se chargea d'électricité et d'éclairs. Il
» devait éclater et il éclata. »

Cette judicieuse appréciation de la crise ne montre-t-elle
pas qu'il était facile d'éviter une rupture et d'empêcher
l'explosion? Cette vérité deviendra aussi éclatante que la
lumière, si nous prenons la peine de mettre en regard ce
qui a été fait et ce qui devait être fait.

Ce que méritait Paris, le voici :

Une déclaration de l'Assemblée attestant que les défenseurs de la capitale avaient bien mérité de la patrie ;

Le maintien de la garde nationale, concession d'autant plus facile que la nouvelle loi militaire allait à bref délai la faire disparaître ;

Le maintien de la paie des trente sous, représentant pour le moment la seule ressource des travailleurs ;

Des mesures conciliantes pour le paiement des loyers et des échéances ;

La nomination d'un général populaire et républicain pour donner un gage du maintien de la république.

Etait-ce là un programme difficile, exagéré, impossible à réaliser ? Non, sans doute, et quand on formule ces revendications, on s'étonne vraiment de la modération des demandes et du mauvais vouloir obstiné qu'a montré le gouvernement pour ne pas les accorder.

Non seulement il n'a rien voulu accorder ; mais, dans l'état d'exaspération où se trouvait Paris, voici les actes et les nouvelles qui sont venus, coup sur coup, fondre sur la capitale :

La résistance réactionnaire de l'Assemblée de Bordeaux renouvelant la Chambre introuvable ;

L'accueil fait à Garibaldi, qu'on insulte et qu'on ne laisse pas monter à la tribune ;

La nomination, comme chef du pouvoir exécutif, de M. Thiers, considéré comme le représentant de la monarchie parlementaire ;

Le vote des préliminaires de paix ;

Le démembrement de la France ;

L'indemnité de guerre de cinq milliards ;

L'entrée de l'armée allemande à Paris ;

Les mesures rigoureuses et tout à fait favorables aux capitalistes, au sujet des échéances et des loyers ;

Les 21,000 mobiles de Paris jetés sur le pavé avec une
aumône de 10 francs ;

Les menaces faites à Paris ;

La nomination du général d'Aurelles de Paladines comme
général en chef de la garde nationale ;

Le rejet de toutes les demandes formulées par le Comité
central ;

Le coup de main nocturne du général Lecomte pour enlever les canons.

Tels ont été les actes de l'Assemblée et du gouvernement
telle a été l'abnégation de Paris, et, en présence de cette
longanimité d'une capitale souffrant d'un siége de cinq mois
et de ces provocations incessances d'un pouvoir hostile,
l'histoire, sans hésitation, dira qu'on pouvait éviter la Commune, mais qu'on a tout fait pour la rendre inévitable.

CHAPITRE III.

Tout homme de bonne foi dira que ce qui distingue avant tout la révolution du 18 mars de toutes les autres, c'est l'imprévu. Rien de convenu, rien de préparé, rien d'organisé, rien de comploté. Les événements se sont produits au jour le jour et pas un acteur du drame ne savait la crise du lendemain.

Cela est si vrai qu'au début de l'histoire, nous trouvons, pour défendre la garde nationale, non pas *un Comité*, mais *deux Comités*. Le premier de ces Comités s'appelait le *Comité central de la Fédération républicaine;* l'autre, le *Comité central de la garde nationale*. Et l'absence de toute conspiration est si manifeste, qu'après le départ des Prussiens de Paris les deux Comités ont continué à fonctionner et à poursuivre l'accomplissement d'une œuvre qui n'avait, au vu et au su de tout le monde, que ce double objectif parfaitement avouable :

Le maintien de la garde nationale,

Le maintien de la république.

Rien de plus, rien de moins. Et comme le gouvernement, au lieu de prendre la main qu'on lui tendait, affectait de regarder Paris comme un suspect, et dès les premières manifestations comme un ennemi, les *deux Comités* fusionnaient bien vite leurs centres d'action et formaient une seule association, qui prenait pour titre définitif : *Le Comité central de la Fédération républicaine.*

Et ce Comité central, une fois constitué, peut-on dire que ses membres ont ourdi une trame contre le gouvernement et contre l'Assemblée? En aucune manière. On aurait profondément étonné les membres du Comité, si on était venu leur dire qu'ils jetaient les bases d'un pouvoir souverain appelé à lutter contre le pouvoir souverain de Versailles. La protestation contre de pareilles visées aurait été unanime.

Pour qu'il n'y ait sur ce point essentiel aucun doute, nous croyons devoir mentionner ici les demandes du Comité central et de la Commune, au fur et à mesure qu'elles se sont produites, pour bien montrer qu'il n'y a eu dans cette dernière convulsion du siége, ni complot, ni émeute, ni soulèvement.

Avant d'entrer à l'Hôtel-de-Ville, le 18 mars, que demandait le Comité central?

Il demandait le maintien de la solde de trente sous, l'élection des officiers par les bataillons, l'élection par la garde nationale du général qui devait la commander, et la reconnaissance de la République par l'Assemblée.

Après l'occupation de l'Hôtel-de-Ville, le 18 mars, que demandait le Comité central?

Il maintenait purement et simplement son programme, en y ajoutant les libertés municipales.

Est-ce là l'attitude de révolutionnaires qui veulent usurper le pouvoir? Personne n'oserait le prétendre, et la conduite des hommes qui avaient entre les mains une capitale de deux millions d'habitants, abandonnée par toutes ses autorités, cette conduite est si bien dépouillée de toutes visées ambitieuses, que le premier acte important de ce pouvoir improvisé est de remettre à la cité l'autorité que les circonstances lui ont en quelque sorte imposée, en convoquant les élections pour la nomination des conseillers municipaux.

Nous le demandons au juge le plus sévère : dans une capitale de deux millions d'hommes, où il ne reste plus un employé du gouvernement, que pouvait-on proposer de plus régulier, de plus conforme aux nécessités du moment?

Le Comité central n'était pas sans entendre, comme tout le monde, les clameurs de la réaction qui l'accusaient d'accaparer indignement un pouvoir réactionnaire; mais il répond immédiatement à l'accusation par une proclamation affichée dans tout Paris et annonçant que *le mandat du Comité est expiré et qu'il le rapporte à ses électeurs, car il ne prétend pas prendre la place de ceux que le souffle populaire vient de renverser*.

Et pour montrer que les actes du peuple sont au bout de ses paroles, il convoque les électeurs pour le 26 mars, en vue d'élire les membres du Conseil municipal ! N'est-ce pas concluant ?

Plût aux dieux que la France n'eût jamais connu de plus grands ambitieux !

Nou demandons alors aux calomniateurs qui ont tout fait pour flétrir ces honnêtes mandataires du peuple, où sont les témoignages des infamies qu'ils ont jetées à la face de ces vrais représentants du peuple, aussi modestes que dévoués.

Nous demandons à M. Ernest Picard où il retrouve, dans ce Comité central, le *ramassis de communistes* qu'il signalait au gouvernement?

Nous demandons à MM. Jules Favre et Delpit où leurs yeux de lynx ont pu trouver le passage de l'*Internationale?*

M. Jules Favre est même allé plus loin : dans le discours plein de foudres vengeresses qu'il prononça le 22 mars, à la tribune de Versailles, il terminait ainsi son réquisitoire :

« Si quelques-uns d'entre vous tombaient entre leurs
» mains, le sort des généraux Clément Thomas et Lecomte
» serait le vôtre. Car ne vous imaginez pas, messieurs,
» qu'ils désavouent de semblables crimes! Ils les justi-
» fient. »

Encore un odieux mensonge !

Le Comité central fut, à coup sûr, plus frappé de cette tragique nouvelle que les républicains hypocrites de Versailles, car il savait qu'on ferait tomber sur lui cette exécution sommaire, et il fit insérer dans le *Journal officiel* de la Commune une note où il constatait que pas un membre du Comité n'avait assisté à l'exécution.

Bien mieux, pour que tout Paris eût connaissance de sa protestation, le Comité central fit afficher une proclamation explicite, où il disait :

« Nous le disons avec indignation : la boue sanglante dont
» on essaie de flétrir notre honneur est une ignoble infa-
» mie. Jamais la garde nationale n'a pris part à l'exécution
» d'un crime. »

Qu'importe! Le procédé de Basile ne continua pas moins à être largement appliqué, comme nous le verrons dans le chapitre suivant.

———

Continuons :

Nous tenons à bien mettre en relief ce point d'histoire. Il est clair qu'à son origine il est impossible de trouver dans l'histoire de la Commune autre chose qu'une question de garde nationale et de liberté municipale. Encore un point sans réplique. A l'heure où l'on se préoccupait de la conduite que tiendraient les Prussiens, un acte vint rassurer Paris et montra ce que voulait le Comité central.

Le 31 mars, le *Journal officiel de la Commune* publiait les deux documents suivants :

« Citoyens,

» Le Comité central a reçu du quartier-général prussien » la dépêche suivante :

« COMMANDEMENT EN CHEF DU IIIᵉ CORPS D'ARMÉE.

» Quartier-général de Compiègne.
» Le 21 mars 1871.

» Au commandant actuel de Paris.

» Le soussigné, commandant en chef, prend la liberté de » vous informer que les troupes allemandes qui occupent » les forts du nord et de l'est de Paris, ainsi que les envi- » rons de la rive droite de la Seine, ont reçu l'ordre de gar- » der une attitude amicale et passive, tant que les événe- » ments dont l'intérieur de Paris est le théâtre ne prendront » point, à l'égard des armées allemandes, un caractère hos- » tile et de nature à les mettre en danger; mais se main- » tiendront dans les termes arrêtés par les préliminaires de » la paix.

» Mais, dans le cas où ces événements auraient un carac-
» tère d'hostilité, la ville de Paris serait traitée en ennemie.

» Pour le commandant en chef du IIIe corps
» des armées impériales,
» Le chef du quartier-général,
» Signé :   Von Schletheim,
» major-général. »

Le délégué du Comité central aux relations extérieures a
répondu :

» Au commandant en chef du IIIe corps des armées
» impériales prussiennes.

» Le soussigné, délégué du Comité central aux affaires
» extérieures, en réponse à votre dépêche en date de Com-
» piègne, le 21 mars courant, vous informe que la *révolu-*
» *tion accomplie à Paris par le Comité central ayant un*
» *caractère essentiellement municipal,* n'est, en aucune
» façon, agressive contre les armées allemandes.
» *Nous n'avons pas qualité pour discuter les prélimi-*
» *naires de la paix votés par l'Assemblée de Bordeaux.*

» Le Comité central,
» Son délégué aux affaires étrangères. »

Est-ce clair ? Devant ce témoignage officiel de l'administration du Comité central, peut-on encore contester le point
de vue que j'établis et qui traduit la vérité même de la situation ?

Il n'y a plus, il me semble, de contestation possible, et,
dès lors, j'ai le droit de dire que je ne faisais que me con-
former aux déclarations officielles du Comité central, aux
manifestations de la garde nationale et aux dispositions

conciliantes de la population, en prononçant le discours d'inauguration que je dus adresser à la Commune, comme doyen d'âge, et que je reproduis ici :

» Citoyens,

» Votre présence ici atteste à Paris et à la France que la Commune est faite, et l'affranchissement de la commune de Paris c'est, nous n'en doutons pas, l'affranchissement de toutes les communes de la République.

» Depuis cinquante ans, les routiniers de la vieille politique nous bernaient avec les grands mots de décentralisation et de gouvernement du pays par le pays. Grandes phrases qui ne nous ont rien donné !

» Plus vaillants que vos devanciers, vous avez fait comme le sage qui marchait pour prouver le mouvement, vous avez marché, et l'on peut compter que la République marchera avec vous !

» C'est là, en effet, le couronnement de votre victoire pacifique. Vos adversaires ont dit que vous frappiez la République; nous répondons, nous, que si nous l'avons frappée, c'est comme le pieu que l'on enfonce plus profondément en terre.

» Oui, c'est par la liberté complète de la commune que la République va s'enraciner chez nous. La République n'est plus aujourd'hui ce qu'elle était aux grands jours de notre Révolution. La République de 93 était un soldat qui, pour combattre au dehors et au dedans, avait besoin de centraliser sous sa main toutes les forces de la patrie ; la République de 1871 est un travailleur qui a surtout besoin de liberté pour féconder la paix.

» *Paix et travail!* voilà notre avenir! Voilà la certitude de notre revanche et de notre régénération sociale, et ainsi comprise, la République peut encore faire de la France le soutien des faibles, la protectrice des travailleurs, l'espérance des opprimés dans le monde, et le fondement de la République universelle.

» L'affranchissement de la commune est donc, je le répète, l'affranchissement de la République elle-même, chacun des groupes sociaux va retrouver sa pleine indépendance et sa complète liberté d'action.

» La commune s'occupera de ce qui est local ;

» Le département s'occupera de ce qui est régional ;

» Le gouvernement s'occupera de ce qui est national.

» Et, disons-le hautement : la commune que nous fondons sera la commune modèle. Qui dit travail dit ordre, économie, honnêteté, contrôle sévère, et ce n'est pas dans la Commune républicaine que Paris trouvera des fraudes de 400 millions.

» De son côté, ainsi réduit de moitié, le gouvernement ne pourra plus être que le mandataire docile du suffrage universel et le gardien de la République.

» Voilà, à mon avis, citoyens, la route à suivre; entrez-y hardiment et résolûment. Ne dépassons pas cette limite fixée par notre programme, et le pays et le gouvernement seront heureux et fiers d'applaudir à cette révolution, si grande et si simple, et qui sera la plus féconde révolution de notre histoire.

» Pour moi, citoyens, je regarde comme le plus beau jour de ma vie d'avoir pu assister à cette grande journée, qui est pour nous la journée du salut. Mon âge ne me permettent pas de prendre part à vos travaux comme membre de la Commune de Paris; mes forces trahiraient trop mon courage, et vous avez besoin de vigoureux athlètes. Dans l'intérêt de la propagande, je serai donc obligé de donner

ma démission; mais soyez sûrs qu'à côté de vous, comme
auprès de vous, je saurai, dans la mesure de mes forces,
vous continuer mon concours le plus dévoué, et servir,
comme vous, la sainte cause du travail et de la République.

« Vive la République ! Vive la Commune !

M. Lissagaray, après avoir constaté que *je définis très
heureusement la jeune révolution*, estime que ma conclusion, en limitant l'action de la Commune aux libertés municipales, n'exprime que *la naïve illusion d'un vieillard
qui avait cependant l'expérience d'une longue vie politique*.

J'estime trop et le talent de M. Lissagaray et la droiture
de son esprit, pour ne pas relever la sévère appréciation de
son livre. Nous appartenons tous deux à une cause où l'on
n'a pour *critérium* que la vérité, et mon éloquent contra-
dicteur me permettra de combattre le point de vue de la
lutte à outrance dont il fait le fondement de son livre.

Oui, sans doute, la Commune a été un gouvernement,
un pouvoir souverain, et j'avoue avoir fait partie de cette
Assemblée souveraine, dont j'étais le délégué de la Banque
de France. Oui, mise en parallèle avec l'Assemblée de Versailles, cette Assemblée, avec toutes ses fautes, valait mieux
que le pouvoir qui l'a vaincue et qui continue à poursuivre
ses défenseurs par ses conseils de guerre.

Oui, cette Commune que le pouvoir officiel tient au pi-
lori comme au premier jour de la victoire, cette Commune
maudite par la réaction, a inauguré une nouvelle phase de
notre histoire, en nous montrant l'avénement du quatrième
état : l'ère des travailleurs !

Ce point de vue du duel à mort de Paris et de Versailles, de
l'Assemblée de l'Hôtel-de-Ville et de l'Assemblée nationale,
en un mot de la bourgeoisie et du peuple, ce point de vue
est sans doute regardé par l'école révolutionnaire comme
une lutte inévitable et fatale. Mais à la vue de la fournaise
qui s'allume, à la pensée des flots de sang qui vont couler,
n'est-ce donc pas un devoir de chercher le contrat qui pourrait faire jeter les armes et l'étreinte qui pourrait unir les
mains prêtes à se déchirer ? J'ai passé ma vie et je la finirai
avec l'école révolutionnaire, que je n'ai jamais désertée et
que je ne déserterai jamais. Mais en combattant comme
simple soldat dans ses rangs, je suis resté de la grande famille des chercheurs, et au lieu de déchirements, de révolutions et de batailles, je serais heureux de trouver le trait-
d'union qui pourrait rapprocher les partis et faire disparaître les conflits des évolutions, pour éviter les révolutions.
Voilà ma loi.

Illusion! s'écrie-t-on. Je pourrais répondre : Illusion généreuse en tout cas! Mais, pour moi, la réponse est tout
autre. J'ai le travers de croire que la lutte ne sera pas éternelle entre la bourgeoisie et le peuple, et que le code finira
par trouver la loi d'apaisement entre le travailleur et le capitaliste, comme elle l'a trouvée pour la noblesse et la bourgeoisie. S'il a été possible d'affranchir l'esclave et de faire
le travail libre, il ne faut pas désespérer d'unir un jour les
deux éléments du travail jusqu'à présent divisés.

A l'heure où la Commune montait à l'Hôtel-de-Ville, ce
programme de conciliation s'imposait d'autant plus impérieusement à mon esprit, que je le voyais en quelque sorte
dicté par le moment critique que nous traversions, et mis

en avant par le Comité central lui-même et par la population tout entière.

Le programme de mon discours était donc, je le répète, le programme de la situation elle-même. Non-seulement je viens de prouver que le Comité central ne voulait pas usurper les pouvoirs et s'en tenait aux revendications municipales, mais je vais plus loin, et j'affirme, l'histoire à la main, que la Commune elle-même, dans le premier mois de son installation, a tout fait, s'est prêtée à toutes les démarches, à toutes les négociations, pour arriver à une entente et pour éviter la guerre civile. Ces tentatives, dont j'ai rendu compte dans *Mes souvenirs*, et que j'ai rappelées dans l'*Avant-propos* de ce livre, ne sont pas niables, et c'est là, pour moi, incontestablement, le meilleur des agissements de la Commune devant l'histoire; car il est indéniable que cette page de nos annales se résumera par les deux phrases suivantes :

La Commune a tout fait pour éviter l'effusion du sang;

Le gouvernement de Versailles a tout fait pour rendre le conflit inévitable.

Allons plus loin. Raison déterminante, raison suprême, l'armée prussienne n'était-elle pas là, sur nos têtes, à nos flancs, pour nous rappeler à toute heure, à toute minute, que nos vainqueurs, en fin de compte, ne reconnaîtraient jamais la Commune comme le gouvernement de la France? Et devant une telle perspective, le patriotisme ne commandait-il pas de redoubler d'efforts pour éviter une guerre civile? Poser cette question, c'est la résoudre.

Voilà pourquoi j'ai tout fait de mon côté pour réconcilier Paris et Versailles. Voilà pourquoi j'ai adressé trois lettres à M. Thiers en vue d'écarter sa personnalité, que je considérais comme un empêchement à toute entente. En cette circonstance, comme dans toutes les affaires graves auxquelles j'ai pris part, mes actes ont été raisonnés, éclairés par ma conscience, et je puis dire que je me suis conformé à la loi du devoir : *Fais ce que dois, advienne que pourra.*

Un dernier mot :

Cette question du rôle politique ou municipal de la Commune n'est donc pas sans importance pour l'histoire de la Commune elle-même. En restant sur le terrain de l'autonomie communale, elle laissait la porte ouverte à la rentrée du gouvernement dans Paris, et elle écartait devant tout juge impartial le sanglant reproche d'avoir voulu accaparer le gouvernement de la France.

Dans les premiers jours, la Commune n'avait pas d'autre horizon que l'Hôtel-de-Ville, et le Comité central ne le voyait même pas. Voilà la vérité.

CHAPITRE IV.

La France et le monde n'ont entendu qu'une voix sur ce qui se passait à Paris, la voix de Versailles, qui, par toutes les bouches de la calomnie, vomissait le mensonge sur la capitale. Le gouvernement par ses dépêches et ses circulaires. l'Assemblée par ses discours, la presse réactionnaire par ses reporters, qui ont fait du journalisme un arsenal d'inventions nauséabondes, les généraux par leurs rapports odieux, tout ce clan versaillais de la réaction en délire, qui n'aurait pas pesé une bulle de savon dans la balance s'il ne s'était appuyé sur l'armée, tout ce monde haineux et ennemi du travail a répandu, sur l'histoire de la Commune, une couche d'immondices et d'infamies qu'il faut enfin prendre la peine de faire tomber, pour montrer Paris au grand jour, dans le sévère accomplissement de ses grands devoirs.

Quelques faits pour fixer les esprits.

Une dépêche du gouvernement, dans les premiers jours d'avril, annonçait aux départements que « *Paris était à feu et à sang.* » M. Picard, dans une circulaire aux préfets, disait des gardes nationaux prisonniers, conduits à Versailles : « *Jamais la basse démagogie n'avait étalé aux regards attristés des honnêtes gens des visages plus ignobles.* »

Nous avons rappelé dans le chapitre précédent le discours de M. Jules Favre, qui ne fut qu'un torrent d'injures et d'accusations imméritées contre le mouvement parisien.

Le *Journal officiel* de Versailles publiait, entre la Commune de 1793 et celle de 1871, le parallèle suivant :

« En 1793, disait-il, au fond des âmes les plus féroces, il
» y avait l'amour de la France, le culte de la patrie.

» Aujourd'hui, ce sont des fédéralistes de la pire école,
» des amis de l'étranger, eux-mêmes en partie étrangers,
» qui proscrivent l'unité française.

» En 1793, la terreur n'était qu'un moyen, la victoire
» était le but.

» En 1871, la terreur est à elle seule le but de ceux qui
» l'appliquent, ou bien, si elle est un moyen, c'est le moyen
» d'assurer le pillage et de protéger l'assassinat. »

Ainsi le *pillage*, l'*assassinat*, la *terreur*, voilà le régime de la Commune, et les 215 bataillons n'étaient plus composés, en grande partie, que d'étrangers.

Tel est le langage du gouvernement. Le langage des journaux est pis encore. Toutes ces feuilles de honte et de joie remplissaient leurs colonnes de prétendues correspondances envoyées de Paris et qui faisaient de la capitale un tableau horrible.

Ici, c'était le récit de visites domiciliaires accompagnées d'actes d'extorsions épouvantables. — Or, j'ai raconté comment la Compagnie du gaz, qui a des comptes avec l'Hôtel-de-Ville, ayant eu à se plaindre d'un prélèvement qu'elle ne devait pas, le Comité exécutif s'empressa de faire rendre à la Compagnie la somme qu'elle réclamait. J'ai raconté le fait avec détails dans *Mes souvenirs*, et comme le trait est caractéristique et décisif, je reproduis ici le récit[1] de cette visite, bien inoffensive à côté de celles que la police de Versailles ne cesse de faire depuis six longues années. Là, c'était la peinture des scènes et des orgies qui se passaient à l'Hôtel-de-Ville. — Orgies, en effet, que les journées de ces hommes de fer, dont l'un répondit à la demande d'un supplément de solde faite à une séance du Comité central : — « Nous ne sommes pas plus que les gardes nationaux que » nous représentons, et nous n'avons droit qu'à trente sous » comme eux ! »

Plus loin, c'était le spectacle des boulevards et des rues de Paris, où les passants marchaient à chaque instant sur des cadavres.

Versailles criait donc partout que la Commune n'était qu'une bande de sicaires, de communistes et de voleurs. Or, veut-on savoir comment se comportait cette bande de pillards vis-à-vis des deux sanctuaires du capital : la Banque et le Trésor ?

Pour la Banque, c'était moi que la Commune choisissait comme délégué, et je recevais comme mot-d'ordre d'avoir à *maintenir debout et à sauvegarder* cet immense récipient des valeurs de l'or et de l'argent. Je consacrerai un chapitre spécial à cette question capitale.

[1] Voir aux Annexes.

Pour le trésor, même attitude et mêmes agissements. Les délégués Jourde et Varlin, outre les 4,158,000 fr. en espèces, trouvèrent 214 millions de titres, *auxquels il ne fut pas touché*. Leur principal souci était de tout contrôler, de tout mettre en ligne de compte, et l'une des séances de la Commune, où l'on vit se manifester, à l'unanimité de l'assemblée, la satisfaction de tous ses membres, fut la réunion du 3 mai, où le délégué Jourde, après un travail opiniâtre, faisait son rapport sur la situation financière et donnait l'état détaillé de toutes les recettes et de toutes les dépenses.

N'allons pas plus loin; le dégoût nous arrête devant cette diffamation systématique qui ne voit dans la Commune qu'une accumulation de crimes, et le simple parallèle que nous allons faire suffira pour arracher le masque et montrer la vérité.

Ce qui est vrai, c'est que Paris, calme, tranquille, livré à lui-même, vaquait à ses occupations ordinaires, sans autre préoccupation que le désir de voir le gouvernement s'entendre avec la Commune.

Paris, délivré de sa police et des sergents de ville, n'a jamais eu à constater moins de vols et de délits. La Commune n'eut pas à s'occuper d'un seul assassinat.

Le peuple, défenseur de la cité et plein d'urbanité pour les passants, avait à cœur de se montrer à la hauteur de son grand rôle et s'appliquait à éviter même les rixes pour ne donner en rien prise contre lui.

La Commune, de son côté, chassait du trottoir et chassait de la ville cette nuée de filles qui sont un scandale pour les bonnes mœurs, et qui, renvoyées par le gouvernement des travailleurs, s'abattaient sur Versailles et sur ce grand monde qui a l'habitude de traîner cette fange après lui.

La Commune allait plus loin. Elle supprimait les maisons de prostitution que « l'ordre moral » considère comme une nécessité sociale, et, devant ces deux faits, l'observateur pourra se demander de quel côté se trouvaient l'honnêteté et la morale ?

Ce qui est vrai encore, et il faut qu'on le dise hautement, c'est que si la Commune s'appliquait à nettoyer les écuries d'Augias, Versailles faisait le possible et l'impossible pour l'inonder de toutes les pourritures et de tous les membres gangrenés qui pouvaient lui tomber sous la main. Dans le courant d'avril, les *blouses blanches* de l'empire, les Corses de Piétri, les forçats libérés et internés commençaient à pénétrer dans Paris et à s'immiscer partout, en vue de pousser les choses à l'extrême, de faire des motions incendiaires et de prendre part aux mesures les plus compromettantes. Le fait est prouvé, et pour l'appuyer d'un témoignage incontesté, j'affirme ici qu'à la mairie du VIᵉ arrondissement, nous reçûmes un jour la visite de deux forçats libérés ; ils venaient, disaient-ils, faire la déclaration qu'ils se trouvaient en rupture de ban, parce qu'on leur avait permis de venir à Paris. Les autorités, d'après les ordres de Versailles, leur avaient permis de quitter la ville où ils étaient internés.

Autre témoignage. C'est celui d'un adjoint de Paris qui luttait contre le Comité central, et par conséquent son dire ne peut être contesté. M. Chéron, adjoint alors au maire de XIᵉ arrondissement, a écrit au journal la *Gironde :* « Quand » nous étions en guerre avec le Comité central, nous fîmes » cinq ou six cents arrestations et désarmements, parmi

» lesquels *plusieurs agents de l'ex-préfecture de police im-*
» *périale, brigade de sûreté Lagrange, les fidèles de Piétri.*
  » *Reconnus par M. Dubun, commissaire de police du*
» *quartier d'Amboise, chargé de l'instruction, leur décla-*
» *ration ne laisse aucun doute de leur présence au milieu*
» *des insurgés pour le compte de Napoléon.* »
  Il n'est pas besoin de commentaires, n'est-ce pas ?

Pour moi qui suis habitué à tenir d'une main qui ne tremble pas, la balance où je vois dans un plateau la bourgeoisie et dans l'autre le peuple, et qui n'hésite pas à peser chacun de ces deux partis à sa juste valeur, après avoir vu la conduite tenue par le gouvernement de Versailles et par le Comité central et la Commune, je regarde comme un devoir d'affirmer devant les contemporains et la postérité ce double jugement :

Oui, le mensonge, la mauvaise foi, la perfidie, le mauvais vouloir, la haine et la vengeance n'ont cessé, depuis le commencement jusqu'à la fin, de hanter les régions du gouvernement de Versailles.

Oui, la droiture, le courage, les bonnes intentions, l'abnégation, l'inébranlable dévouement à la République, à Paris et à la France, n'ont jamais cessé d'inspirer les hommes et les conseils du Comité central et de la Commune.

Versailles a vaincu et devait vaincre, puisqu'il avait l'armée ; mais la victoire n'est pas la vérité, et nous verrons plus loin de quelles horreurs fut accompagnée cette victoire.

CHAPITRE V.

Ce fut dans la séance du 1er mai que fut votée la création
d'un Comité de salut public. L'assemblée avait déjà consa-
cré deux séances à la discussion de cette proposition présentée par le citoyen Miot, et cette discussion prolongée
met précisément en lumière un des côtés les moins connus
et les plus calomniés de l'histoire de la Commune.

Par suite des commentaires envenimés de la réaction,
l'assemblée est généralement représentée comme un amas
de révolutionnaires, tout d'une pièce, d'ayant qu'un but,
l'organisation du communisme en France, et, par conséquent, l'immolation de la bourgeoisie et de la propriété,
par les moyens les plus sommaires, c'est-à-dire par la fusillade et la guillotine.

La réaction bourgeoise est toujours la même. C'est ainsi
qu'en juin 1848 elle inventait les gardes nationaux sciés
entre deux planches! Cette fois, elle a inventé l'organisation de bataillons de pétroleurs et de pétroleuses qui n'ont

jamais été créés et qui n'ont jamais existé que dans l'imagination des reporters de la réaction.

Il serait temps de se voir et de se traiter comme des hommes. Tout ce que les écrivains de la réaction ont écrit sur la Commune doit être considéré comme l'antipode de la vérité. Non-seulement l'assemblée de la Commune n'était pas une assemblée toute d'une pièce, obéissant à l'impulsion des mêmes passions révolutionnaires, mais les faits sont là pour attester qu'au point de vue des idées, comme au point de vue des actes politiques, il n'y eut jamais d'assemblée composée de plus d'éléments opposés.

C'est ainsi que, pour la création du Comité de salut public, la Commune consacra deux journées à la discussion de ce projet important, et nous devons ajouter que le projet ne fut adopté que par 34 voix contre 28. Le gouvernement de l'Hôtel-de-Ville n'eut donc qu'une majorité de 6 voix pour sanctionner une résolution que le parti révolutionnaire jacobin regardait comme très importante, et cette majorité serait devenue la minorité, si les citoyens Adam, Meline, Barré, Brelay, Loiseau, Tirard, Chéron, Le Roy, Robinet, Desmarest, Ferry, Nart-Parent, Fruneau, Marmottan, de Bouteiller et Ranc, élus le 26 mars, ne s'étaient pas démis de leur mandat de membres de la Commune. Regrettable désertion, qui fut la cause de tous les conflits !

Qu'on fasse donc une bonne fois justice de cet épouvantail, qui fait de la Commune un corps politique pire que le Conseil des Dix, pire que tous les comités révolutionnaires, et qu'on revienne enfin à la vérité historique, pour nous montrer les événements dans leurs justes proportions !

Cette minorité imposante de la Commune, à propos de l'établissement d'un Comité de salut public, se comprend d'autant mieux que cette création d'un Comité public avait le tort grave de n'ajouter aucune force nouvelle à celles dont l'Hôtel-de-Ville pouvait disposer, et, à ce sujet, je dois consigner ici les raisons que j'ai fait valoir, comme membre de la minorité de l'assemblée, pour écarter une résolution que je regardais comme funeste à l'autorité du gounement de Paris.

Cette proposition avait le double inconvénient de n'apporter aucune ressource nouvelle au pouvoir et de rappeler les souvenirs sanglants du Comité de salut public de 1793. Et, en effet, il est incontestable que, dès le 18 mars, l'Hôtel-de-Ville a pu disposer de son *maximum* de bataillons et que le Comité nouveau ne lui a pas donné un combattant de plus. En consignant ce fait, je constate un acte reconnu de tout le monde. En second lieu, cette mesure devait être repoussée avec d'autant plus d'énergie que, dans l'opinion, elle avait le tort d'assimiler la Commune, qui avait toujours repoussé la guerre, comme le témoigne sa proclamation du 3 avril, avec l'ancien Comité de salut public de 93, armé, lui, contre le vieux monde, comme un combattant qui n'a plus que cette dernière alternative : vaincre ou mourir ! Pour la Convention, le Comité de salut public était une question de vie ou de mort, et pour la Commune le Comité de salut public n'était qu'une réminiscence *utile à la réaction seule*, pour donner un semblant de vérité à ses outrages odieux.

Il était donc impolitique de prendre le nom, puisque l'on ne prenait pas la chose, et la minorité avait raison quand elle soutenait que la Commune n'avait besoin que d'un Comité exécutif, ayant pleins pouvoirs pour coordonner

toutes les forces de la défense et assurer l'unité de vues
dans la direction politique de l'assemblée.

Puisque nous avons abordé cette redoutable question
d'un Comité de salut public, nous irons une fois pour toutes au fond des choses, et nous dirons franchement ce que
nous pensons de çette création, qui a été pour 93 une mesure de légitime défense, de grandeur et de salut, mais qui
ne répond de nos jours, suivant moi, à aucune des néces-
cités de la politique contemporaine.

La Convention n'a pas exécuté les grandes choses qui
ont constitué la France nouvelle, sans laisser, dans les traditions politiques du pays, une profonde empreinte de son
passage. Aussi trouvons-nous encore chez nous des esprits
politiques sérieux, sincères, honnêtes, qui demeurent entièrement convaincus que la dernière révolution, celle du travail contre le capital, ne peut s'accomplir sans l'intervention d'un pouvoir révolutionnaire, armé d'un Comité de
salut public.

En thèse générale, on m'accordera bien que les dictatures, ou individuelles ou collectives, sont sœurs du despotisme, et qu'elles y conduisent bien souvent les nations qui
leur confient leurs destinées. Les dictatures ne sont jamais
que l'expression d'une crise momentanée, et elles représentent avec vérité ces médications violentes qu'on applique
au corps humain pour le guérir d'une maladie aiguë. Mais
si l'organisme de l'homme ne peut s'accommoder de l'emploi continu d'une médication énergique et puissamment
active, le gouvernement des sociétés ne peut non plus s'é-
terniser dans un régime exceptionnel et violent, qui repose,
en définitive, uniquement sur la force. En un mot, quoi

qu'on dise et quoi qu'on fasse, le gouvernement révolutionnaire d'un Comité de salut public ne peut être que transi-
toire et comme expression d'un régime imposé; il ne peut
jamais représenter pour un peuple une organisation nor-
male et durable.

Et d'ailleurs, comment ne pas remarquer que le gouvernement régulier d'une République peut absolument suffire
aux difficultés d'une crise et remplir les grands devoirs que
cette crise peut imposer pour le salut d'un peuple? On
m'accordera bien que la guerre de sécession, qui a déchiré
six ans la grande République des Etats-Unis, a été pour
cette société encore jeune, quoique vivace, la menace d'un
déchirement profond et qui eût pu être mortel, car le succès de la cause du Sud, non-seulement aurait partagé en
deux gouvernements l'Union américaine, mais encore ces
deux gouvernements, divisés par la plus grande des questions sociales, l'esclavage, se seraient vus dans la nécessité
de continuer la guerre et seraient tombés dans cette décadence irrémédiable des Républiques américaines du Sud,
qui n'ont plus à nous présenter que des intrigues et des
coups de force de vulgaires dictateurs. Déplorable spectacle, qui nous montre que les Républiques peuvent aussi
descendre à la décadence du Bas-Empire.

Eh bien! l'argument que je cite n'est-il pas véritablement
concluant? La grande République américaine n'a eu recours à aucun comité de salut public, à aucune proscription, à aucune violence exceptionnelle pour triompher de
l'une des plus grandes crises de l'histoire contemporaine.
Dans cette société américaine, où la liberté individuelle
jouit des plus larges prérogatives, où la centralisation
n'existe pas, où la présidence n'a d'autre autorité que celle

de la loi qui maintient le lien fédéral, le pouvoir exécutif
s'est contenté de ses attributions ordinaires, et avec les simples attributions de son organisation légale, il est parvenu
à faire face à tout et à réaliser les armées et les milliards
dont la République avait besoin pour vaincre ses redouta-
bles ennemis, mettre fin à la guerre civile, abolir l'esclavage et cimenter l'alliance de tous les Etats de l'Union. Que
peut-on répondre à un semblable exemple, et les Républiques de l'Europe ne peuvent-elles pas accomplir ce qu'a
fait le gouvernement de Washington ?

—————

La République est le gouvernement rationnel et certain
des sociétés futures, mais elle n'a pas besoin de recourir à
l'intervention si compromettante des Comités de salut public; compromettante, je le répète, du côté du pouvoir,
parce qu'ils ouvrent la porte au despotisme, et compromettante enfin du côté des sociétés, qui ont une répulsion invincible pour tous les régimes de violence.

L'action de la République doit être régulière et pacifique ! C'est le gouvernement de l'examen, de la discussion,
du libre consentement des parties, du contrôle en tout et
partout. Avec ce gouvernement, l'action peut être lente,
mais elle est certaine, honnête et à l'abri de toutes les folles
aventures des dictatures et des monarchies. C'est invinci-
blement le régime de l'avenir, et par lui nous marchons,
d'un pas ferme et visible, vers l'établissement des Etats-
Unis d'Europe.

—————

Est-ce à dire que, pour résoudre le problème social du
travail et du capital, il faille recourir, avec cette République, à la main de fer d'un Comité de salut public ? Je ne

le pense pas. Non-seulement je partage l'opinion contraire, mais, en vertu de l'essence même des deux éléments qu'il s'agit d'unir et de souder par un lien indissoluble, je demeure absolument convaincu que les mesures coercitives des Comités de salut public, tout en imposant les contrats adoptés par eux pour l'union du capital et du travail, rendraient ces contrats éphémères et périssables, par le fait même de leur oppression. Devant la force, le capital peut céder, mais alors il ne cède qu'à la condition de se dégager dès qu'il le pourra, et la solution du problème recommencerait à partir du jour où le Comité de salut public descendrait de sa dictature.

Dans les crises, les capitaux fixes s'amoindrissent et les capitaux circulants s'évanouissent en quelque sorte, c'est-à-dire qu'ils deviennent invisibles et presque insaisissables. Oui, sans doute, le capital, c'est-à-dire la bourgeoisie, obéira à la pression du travail, c'est-à-dire du peuple produisant et travaillant jusqu'à présent dans des conditions injustes; mais il obéira volontairement, librement, quand il verra, quand il comprendra qu'on ne veut pas le détruire, mais consolider son existence par des assises plus solides et mieux coordonnées. Et c'est précisément parce que les bases de cette union doivent être recherchées, comprises, discutées, acceptées, pratiquées par ces deux puissances, le capital et le travail, qu'il ne faut pas compter pour cette solution sur le concours d'un Comité de salut public, mais bien sur les grandes et larges pratiques des gouvernements libres.

Les révolutionnaires par la force n'ont sans doute pas la prétention de refaire l'humanité. Or, je l'ai dit dans mes *Souvenirs*, et je suis heureux de pouvoir le répéter ici: l'humanité, depuis l'organisation des premières sociétés jusqu'à nos jours, nous a toujours montré l'homme libre, la famille libre, le travail libre, et quand ce dernier terme de la trilogie, le travail, était réglementé, asservi à des conditions qui entravaient son indépendance, les réformateurs ne demandaient pour lui qu'un seul idéal, la liberté. L'organisation du communisme disciplinant le capital et le travail, avec le gouvernement d'airain d'un Comité de salut public, est une chimère aussi impraticable, aussi irréalisable que celle d'une Convention voulant faire table rase du monde créé par la main de l'homme, pour le refaire plus grand et plus beau. Il n'y a de vrai que la liberté, et voilà pourquoi je ne comprends et je ne veux qu'une République libre.

CHAPITRE VI.

Le Clergé, la Commune et le Cléricalisme. — Transformation du clergé en France. — Disparition du gallicanisme et triomphe des idées ultramontaines. — Témoignages de la domination cléricale en France par l'enseignement. — Abdication de la bourgeoisie, qui a laissé les cléricaux tout prendre. — Le peuple doit remplacer la bourgeoisie pour rendre à la France son indépendance et pour remettre debout les conquêtes de la Révolution. — Décrets à rendre.

On a reproché à la Commune l'hostilité de parti pris qu'elle a montrée contre les prêtres et les communautés religieuses, et l'on a dit que le gouvernement de l'Hôtel de Ville avait commencé par déchirer une des libertés fondamentales des sociétés modernes, la liberté de conscience.

Sur ce point encore, suivant son habitude, la réaction est allée aux extrêmes, et s'est trompée du tout au tout sur l'esprit qui animait la Commune à l'égard des pratiques du culte et de la conduite du clergé. La Commune n'aurait jamais songé à mettre la moindre entrave à la liberté de conscience et au maintien de tous les cultes, et l'on en a, je crois, la preuve incontestable dans ce fait que personne ne peut nier, c'est que les nombreuses communautés religieuses qui se sont si déplorablement multipliées à Paris depuis trente ans, ont été laissées absolument libres, et que les cléricaux de Versailles les ont trouvées debout et intactes à leur entrée dans la capitale.

Quant au clergé lui-même, j'affirme que l'Assemblée et le gouvernement de l'Hôtel de Ville n'avaient contre ses membres aucun parti arrêté d'emprisonnement et de persécution. Je puis le prouver ici par un acte personnel indéniable. Le curé de St-Eustache avait été signalé comme un esprit remuant et comme l'un des membres les plus actifs du cléricalisme militant. Le renseignement était complétement erroné. Mais le curé avait été arrêté, sur cette première information, comme hostile et dangereux. Je savais de source certaine que l'abbé Simon, curé de St-Eustache, était, au contraire, un ecclésiastique tolérant et modéré, très-aimé dans son quartier et complétement détaché de toute ingérence politique et de toute propagande cléricale, et le seul, sous l'Empire, qui ne se présentât pas aux Tuileries. Je regardai comme un devoir de montrer aux citoyens de la commission exécutive et à Raoul Rigault, que le curé de St-Eustache était victime d'une dénonciation calomnieuse, et l'abbé Simon, sur mon témoignage, fut immédiatement mis en liberté. Est-ce là le procédé d'un gouvernement haineux et persécuteur ? Comparez cet acte avec les agissements de la politique réactionnaire au sujet de l'amnistie, et jugez !

Le clergé, les communautés religieuses, les pratiques du culte, la liberté de conscience eussent donc été parfaitement libres avec la Commune. Mais je n'hésite pas à le dire, contrairement à l'attitude de l'Empire et de la République de Versailles, le gouvernement de l'Hôtel de Ville aurait déclaré au cléricalisme et aux menées cléricales une guerre impitoyable et sans merci.

Le clergé aurait été absolument relégué dans ses temples, les communautés auraient été surveillées, restreintes, amoindries, et la religion, renfermée dans ses sanctuaires,

n'aurait plus été que l'exercice pur et simple de la liberté
de conscience. Le cléricalisme, en un mot, aurait disparu
devant la loi, et la société civile, rendue à sa pleine indépendance, aurait repris le développement normal des destinées nouvelles que la Révolution lui a ouvertes.

———

Je ne saurais assez le redire et le répéter, le cléricalisme
est depuis trente ans la plaie de la politique, dans l'Europe
occidentale en général, et surtout en France, en particulier.
A cet égard, je constate l'antagonisme profond, irrémédiable, qui existe désormais entré la bourgeoisie et le peuple.
Autant la bourgeoisie s'est montrée plate, lâche, inconsis-
tante et servile vis-à-vis du cléricalisme, autant le peuple
montre d'énergie, d'intelligente volonté et de résolution vi-
rile contre les envahissements de l'esprit clérical. La République d'aujourd'hui, uniquement peuplée de bourgeois, ne
fait que continuer les traditions des classes dirigeantes et
nous montre jusqu'où peuvent aller les complaisances coupables de cette bourgeoisie qui nous apparaît comme un
bâtiment désemparé et sans boussole, au milieu de la mer,
puisqu'elle ne sait plus quelle route elle doit prendre,
entre le despotisme et la liberté, entre le cléricalisme et
la société civile, entre la science et la foi, entre le capital
et le travail, entre la République et une dernière Restauration.

Voyez, à propos du cléricalisme, tout le terrain qu'a
perdu la bourgeoisie. L'Empire a montré plus de condes-
cendance que le gouvernement de 1830, et la République
va encore plus loin que l'Empire. Nous allons le prouver
par des faits.

La loi de liberté de l'enseignement, qui vient de livrer l'enfance et la jeunesse de France au clergé, fut également discutée en 1846. Mais à cette époque, l'Université sortit saine et sauve de l'épreuve, et les défenseurs du jésuitisme ne purent entamer l'enseignement supérieur. C'est à cette époque que M. Thiers prononça l'un de ses meilleurs discours, où il disait : « On me dit que je suis révolution-
» naire; si l'on entend par révolutionnaire un homme dé-
» voué aux principes de notre Révolution, je puis affirmer
» que je l'ai toujours été. On me dit que je suis voltairien;
» si l'on entend par voltairien un homme disposé à défen-
» dre la mémoire de Labarre et de Calas, oui, je puis dire
» que je l'ai toujours été, etc... » M. Thiers ferait-il ce discours aujourd'hui? Evidemment non. Cette question et cette réponse montrent précisément la différence des situations, et la conquête de l'enseignement supérieur par les cléricaux mesure, par un fait, tout le terrain que nous avons perdu.

Bien mieux, sous la Restauration, la bourgeoisie libérale savait agir et parler à la Chambre et dans le pays, pour résister aux empiétements du jésuitisme. Quand les révérends pères de cette trop célèbre compagnie organisèrent dans toutes les grandes villes les missions qui firent tant de bruit à cette époque, on vit la bourgeoisie se raidir contre ce prosélytisme toujours croissant, et j'ai raconté dans *Mes souvenirs* comment, à Brest, nous étions parvenus à expulser ces ennemis jurés de la Révolution et de la vie moderne.

Oui, il y a, en France, au sujet de la religion, métamorphose complète. Le clergé lui-même a fait une volte-face qu'il importe de constater. Depuis Louis XIV jusqu'à l'Empire, depuis Bossuet jusqu'à MM. de Genoude et de

Montalembert, le clergé français s'était montré dominé par le gallicanisme, qui permettait encore à ces hommes, enrégimentés dans la milice religieuse, de rester Français. Aujourd'hui, Bossuet, MM. de Genoude et de Montalembert seraient excommuniés comme hérétiques et rejetés du giron de l'Eglise. La milice sacrée ne comprend plus que des soldats du pape. L'ultramontanisme règne sans partage sur le monde religieux en France et étend sa propagande dans le monde entier. Tout pour le pape et par le pape : voilà le commandement, et c'est devant ce commandement que la bourgeoisie, imbue naguère de l'esprit de Voltaire et de Rousseau, s'est conduite comme une armée qui lèverait tout entière la crosse de ses fusils en l'air, sans même essayer de combattre. L'histoire n'a jamais eu à constater plus de platitudes!

L'ultramontanisme est entré dans la place. Le cléricalisme s'est mis à ses ordres, et voyez tout ce qu'il a pu prendre et conquérir. C'est une marée montante qui envahit tout.

Le cléricalisme a tous les pouvoirs. Comme organisation, il a ses comités, ses associations, ses cercles, ses organisations de banque, ses conférences, ses pèlerinages; il a la liberté de réunion, la liberté d'association ; tout ceci pour la propagande extérieure de son action, sans compter, bien entendu, les ressources immenses des pratiques du culte, et les cent mille chaires d'où il verse, à son gré et sans contestation, sur la société, les leçons d'intolérance les plus barbares et les calomnies les plus odieuses contre toutes les créations de la société civile.

Comme enseignement, il a ces mille et mille écoles d'ignorance chrétienne, tenue par les frères et les religieuses de toutes sortes, où l'histoire sainte et le catéchisme occupent la moitié de l'instruction, mais où le nom de La Fontaine et de ses fables n'est pas même prononcé ; il a l'enseignement supérieur, pour lequel il recrute en un clin-d'œil des millions, et dans lequel il démolit pièce à pièce tout l'édifice de la société actuelle et traite l'Université avec ce ton hautain d'arrogance et d'infaillibilité que les pontifes et les prélats prennent toujours à l'égard de ceux qu'ils regardent comme leurs serviteurs.

Comme puissance effective, il a ces accroissements de richesse qui sont un scandale pour des ministres parlant au nom d'un Dieu né dans une étable et mort sur une croix. Les biens du clergé et des communautés n'ont jamais suivi une progression plus effrayante. Au train dont vont les choses, il faudra bientôt une révolution pour faire rentrer la France dans la possession de biens dont on la dépouille, sans vergogne, par des manœuvres inqualifiables et contraires aux lois. Le développement des richesses des communautés est tel, que le cléricalisme, avec sa politique astucieuse, a dû prendre des mesures pour masquer aux yeux du public ces achats de propriétés splendides qui se multiplient pour toutes les communautés. Les ordres religieux, d'après une règle pratiquée par tous, achètent aujourd'hui des valeurs de bourse au porteur ; ce qu'il y a maintenant de valeurs mobilières enfouies dans les intendances des couvents est incalculable. D'ailleurs, ce ne sont pas seulement les belles propriétés immobilières et les valeurs de bourse qui tentent les convoitises de l'armée cléricale. Cette milice est de sa nature envahissante ; tout lui est bon, et comme on la laisse tout prendre, elle prend tout. C'est ainsi qu'on signale, depuis longtemps, l'ingérence des fortunes cléricales dans les opérations des armateurs, dans les grandes maisons de nouveautés, dans les sociétés financières. L'édifice du célèbre Langrand-Dumonceau était entièrement élevé avec des capitaux du cléricalisme, et l'on sait de quelles ruines a été marqué le passage de ce spéculateur opérant pour *la plus grande gloire de Dieu.* A l'heure où nous écrivons, un des membres les plus actifs de ce monde financier religieux, M. Riant, se trouve à Rome, pour organiser, avec le concours du sacré-collége et la bénédiction du Saint-Père, une grande banque catholique chargée de centraliser et de faire valoir les millions qui dorment dans les presbytères et les communautés religieuses. Voilà où en sont ces hommes qui vous jurent hypocritement, en baissant les yeux, que *leur royaume n'est pas de ce monde;* laissez-les continuer, et vous arriverez bien vite à ce cinquième acte, où Tartufe s'écrie impudemment : *la maison est à moi!* Voilà le fond des choses, et la religion, créée pour enseigner la fraternité d'autrui par des ministres vertueux et pauvres, n'aboutit qu'au dépouillement d'autrui et à l'accaparement de la propriété !!!

C'est donc au peuple à reprendre les traditions de la Révolution abandonnées par la bourgeoisie et à relever la France de l'abaissement où elle est tombée. Jamais le pays, que l'on peut regarder comme le pays de l'avant-garde des idées par excellence, n'est, en effet, tombé si bas! La papauté, que la vieille monarchie française avait souffletée, la papauté que la République de 93 avait anéantie comme son ennemie mortelle, la papauté règne aujourd'hui toute puissante en France; et quel est l'enseignement que cet absolutisme religieux apporte au peuple, avant-coureur des révolutions? Un enseignement qui ne représente que l'asservissement de la nationalité française aux ordres du Vatican.

Plus de famille! car les cléricaux la sacrifient tout entière pour assurer le despotisme des sacristies!

Plus de patrie! car les cléricaux ne placent le cri de : vive la France! qu'après le cri de : vive Rome!

En un mot, c'est le dernier degré de la servitude, et cet abaissement se produit à l'heure où la papauté touche à sa décrépitude.

N'est-ce pas un signe de décrépitude que cette lâcheté qui lui fait garder le silence en présence des massacres de la Bulgarie et qui nous la montre à la remorque de tous les despotismes couronnés?

N'est-ce pas un témoignage irrécusable de faiblesse et de démence que cette succession d'anathèmes, de protestations et d'excommunications, depuis les encycliques les plus furibondes jusqu'au *Syllabus?* ce qui nous montre la papauté en antagonisme avec les libertés modernes contre les applications de l'industrie, contre toutes les recherches et les affirmations de la science.

En présence de tant d'abominables condescendances de la part de la bourgeoisie, nous disons que le devoir du peuple est de relever résolûment le drapeau de la France, et la Commune a eu raison de montrer la voie à suivre. Le cléricalisme doit disparaître et il disparaîtra. La société civile aura raison contre les convoitises des sacristies. La science aura raison de la foi. Le monde moderne prévaudra contre les résurrections du passé. La France ne restera pas ce qu'elle est. La papauté qui a dominé l'Europe n'a plus de racine nulle part, et si à l'heure où elle s'en va, la bourgeoisie a eu la honte de mettre la France à ses pieds, c'est au peuple que reviendra le mérite de remettre debout la France et la Révolution.

Ainsi que le disait Lamennais, l'absolutisme aura beau faire, le monde n'en ira pas moins où il doit aller. La bourgeoisie a abdiqué entre les mains du cléricalisme, c'est donc au peuple à reprendre l'œuvre interrompue, à poursuivre le travail de la Révolution, à relever la France aplatie par les classes dirigeantes ; et son premier devoir, pour remettre sur pied la société civile, sera de lutter corps à corps avec les représentants de l'ultramontanisme.

Pas de phrases, des actes ! Pas de discussions, des décrets ! La cause est depuis longtemps entendue. Il n'y a plus qu'à rendre le jugement, et ce jugement, le triomphe de la République démocratique le formulera nettement par les décrets suivants :

1º Décret d'expulsion contre les Jésuites, qui ont perdu toutes les sociétés qui ont eu le malheur de leur donner asile ;

2º Décret supprimant le budget des cultes et faisant rentrer le clergé dans ses temples ;

3º Décret organisant l'instruction publique gratuite, obligatoire et laïque ;

4º Décret ordonnant une enquête sur les communautés religieuses, l'organisation du clergé et le régime des donations.

La lâcheté de la bourgeoisie nous a perdus ; la virilité du peuple nous sauvera.

CHAPITRE VII.

La Commune et la Banque. — Questions formulées au sujet
de la Banque. — La Banque pouvait-elle être considérée comme
un ôtage de la Commune? — Pouvait-on faire autre chose que
ce qui a été fait? — Récit de ma délégation. — Conclusion. —
Erreur de Lissagaray sur cette question.

L'établissement de Paris qui attirait le plus les regards
des deux gouvernements de Paris et de Versailles était incontestablement la Banque de France, parce qu'en elle se
résumait en ce moment la puissance financière du pays.
Dans cette extrémité, comme dans toutes les crises suprê-
mes qui ont déchiré la patrie, le numéraire se faisait rare
et disparaissait de la circulation. C'est le résultat certain
des grandes épreuves sociales. L'argent, qui se montre à
l'appel du travail, de la paix et du gain, devient invisible
et insaisissable dès que la guerre arrive et que l'intérêt s'en
va. Les impositions des Prussiens et les contributions de
toutes sortes avaient d'ailleurs entamé déjà fortement le
numéraire qui formait la circulation courante.

La Banque de France, avec ses billets, était donc pour le
gouvernement et pour le pays une ressource capitale, et
son concours, dans cette crise, était d'autant plus précieux
que son crédit était absolument intact et que l'on pouvait

l'utiliser, dans la plus large mesure de ses possibilités financières. On en a eu la preuve par la création du billet de banque de 5 fr., qui a circulé avec la plus grande facilité et sans aucune dépréciation.

Il fallait donc conserver la Banque, avec tout son crédit, avec son intégrité parfaite, de manière à pouvoir demander à la circulation fiduciaire ce que la circulation monétaire ne pouvait plus donner.

Il n'y avait sur ce point aucune contestation possible et j'ajoute immédiatement que, du côté de la Commune, cette vérité était aussi bien comprise que du côté du gouvernement de Versailles. Les faits sont là pour attester ce que j'avance. Il y avait bien une difficulté sérieuse du côté de la Commune, difficulté que j'expliquerai plus loin, mais l'Assemblée elle-même de la Commune, ainsi que son pouvoir exécutif, non-seulement comprenaient qu'il fallait respecter la Banque avec ses priviléges et ses attributions, mais sentaient parfaitement que la Banque était en définitive le pivot de leur existence financière et tenaient en conséquence à la maintenir debout, vivante, avec son crédit intact et ses billets au pair.

Rien ne peut infirmer ce point historique des plus importants, en présence des allégations diverses qui se sont produites depuis la chute de la Commune. Tout d'abord, comme délégué de la Commune à la Banque de France, je puis affirmer que, dans les explications qui furent échangées entre moi et la Commission exécutive, composée des citoyens Eudes, Bergeret, Duval, Lefrançais, Félix Piat, Tridon, Vaillant, pas un mot ne fut prononcé qui pût me faire songer à la moindre arrière-pensée de la part du gouvernement de la Commune à l'égard de la Banque de France. Tout ce que dis à la commission sur la nécessité

de respecter la Banque de France, comme propriété privée
appartenant à des actionnaires, et comme établissement pri-
vilégié émettant au nom de l'Etat des billets de banque
ayant le cours de la monnaie, et comme ressource financière pouvant venir en aide à la Commune pour le paiement régulier de ses bataillons, tout fut accueilli, accepté
et approuvé sans réserve aucune, et l'éloignement de toute
force armée fut également considéré comme une condition
indispensable de mes fonctions, pour écarter toute pensée
de violence et de pression au sujet d'une mission qui devait
avant tout sauvegarder la confiance publique.

D'un autre côté, on doit remarquer que jamais, dans
l'Assemblée de la Commune, ni du côté de la minorité,
ni du côté de la majorité, aucune motion ne fut présentée en vue d'imposer à la Banque un coup d'autorité. A
la fin même de la lutte, quand la majorité de la Commune
crut devoir confier son gouvernement à un Comité de salut
public, j'eus personnellement avec les membres de ce comité divers entretiens, et jamais la moindre pensée d'envahissement ou d'accaparement ne s'est fait jour dans ces explications. Je vais plus loin et j'affirme hautement qu'au
plus fort de la mêlée de la lutte, à l'heure où l'incendie
des Tuileries et du ministère des finances était déjà allumé,
je revis à l'Hôtel-de-Ville les membres du Comité de salut
public, pour leur assurer que l'argent nécessaire au paiement des bataillons serait à leur disposition, et, naturellement, je ne manquai pas de faire part des efforts que je faisais et que j'étais résolu à faire jusqu'au bout pour maintenir intact l'établissement où j'étais délégué. J'affirme

hautement qu'en ce moment suprême ma conduite fut pleinement approuvée et que pas une parole pouvant porter atteinte à la Banque ne fut prononcée.

Je ne fais donc que rendre hommage à la vérité en attestant que la Commune n'a jamais songé à faire violence à la Banque de France. En matière de finances, la Commune n'avait que des principes d'ordre et d'économie, et l'une des séances où les membres de l'Assemblée ont montré le plus de satisfaction fut celle du 4 mai, où le citoyen Jourde, délégué aux finances, présenta son rapport sur l'ensemble des opérations financières, allant du 20 mars au 30 avril.

Pourtant, il est impossible de ne pas constater que, depuis la chute de la Commune, nous avons vu se produire une opinion complétement inattendue pour moi, opinion qui me reproche de n'avoir pas tenu à la Banque la conduite qui m'était dictée par les circonstances. Les bataillons fédérés, dit-on, avaient à Paris un ôtage avec lequel ils pouvaient forcer le gouvernement de Versailles de capituler. Cet ôtage, c'était la Banque, que la réaction n'aurait jamais laissé détruire. Là était la question de vie et de mort, et le devoir du délégué de l'Hôtel-de-Ville était, non de repousser les bataillons de la Commune, mais de s'appuyer au contraire sur eux pour menacer Versailles de la destruction de la Banque, si M. Thiers ne voulait pas transiger.

Tel est le reproche, et j'ai tenu à bien le mettre en pleine lumière avant de répondre à mes adversaires. Mes accusateurs se trompent du tout au tout, et ma réponse va leur donner des arguments catégoriques.

Tout d'abord, on voudra bien reconnaître avec moi, d'après l'exposé qui précède, que l'alternative de la conservation ou de la destruction de la Banque de France n'a jamais été posée par la Commune elle-même, pendant tout le temps qu'elle a été debout, et, tout ce que j'ai vu, tout ce que j'ai entendu, tout ce que je sais, me donne le droit d'affirmer que, si j'avais fait cette proposition, elle n'aurait pas trouvé d'écho dans l'Assemblée communale. Le gouvernement de l'Hôtel-de-Ville, il faut bien le reconnaître, n'a jamais reculé devant les mesures qu'il croyait utiles et il n'a jamais non plus reculé devant la responsabilité de ses actes. Si jamais la question de l'existence ou de l'anéantissement de la Banque de France n'a été posée entre lui et moi, il faut en conclure que jamais cette pensée n'a été émise dans ses conseils et que cette proposition aurait été, quand même, repoussée de son ordre du jour.

Reste l'hypothèse, prise intrinsèquement en elle-même, et qui consiste à considérer la Banque comme un ôtage avec lequel on aurait pu amener Thiers et son ministère à composition ; ceux qui produisent cet argument, en apparence important et sérieux, ne se rendent pas un compte exact de la véritable situation des choses, et, pour bien leur faire comprendre combien ils se trompent sur le fond de la question posée par eux, je leur dirai, en forçant un peu les termes du problème à résoudre, qu'en ce moment la Banque de France était tout et rien.

La Banque de France était tout, parce qu'avec son crédit intact et omnipotent et sa planche à billets sans aucune atteinte, elle représentait, comme je l'ai dit plus haut, notre dernière ressource financière, et elle avait, vis-à-vis de la France et du monde entier, tout son prestige, puisqu'elle inspirait toute confiance dans sa solvabilité.

Mais pour mettre à exécution la menace posée par l'hypothèse de mes adversaires, allez au fond des choses, accaparez la Banque de France et emparez-vous de tout. A quel résultat arrivez-vous? A prendre purement et simplement l'encaisse, car on m'accordera bien que l'Imprimerie de la Banque n'eût plus représenté, ce jour-là, que la planche aux assignats. Or, savez-vous quel était l'encaisse de la Banque à cette époque? Il n'était que d'une cinquantaine de millions; car, avant l'investissement de Paris, la Banque avait eu soin de mettre à l'abri son véritable encaisse, en le transportant dans une de ses succursales de départements.

Le coup de force qui eût mis la Banque entre les mains des bataillons fédérés eût donc, à la première nouvelle, porté un coup terrible au gouvernement de Versailles, à la Commune, au pays, au crédit de la France et au monde des affaires qui relie aujourd'hui tous les peuples dans un seul et même faisceau. Mais, cette première secousse passée, contre qui tournait l'acte de violence et de spoliation qu'on a le double tort de conseiller trop tard et à faux? Contre la Commune seule et contre Paris! car, à la nouvelle de l'envahissement et de la destruction de la Banque, voici ce qui serait immédiatement advenu :

Du côté de Versailles, on décrétait le jour même l'annulation des billets en circulation et on les remplaçait par d'autres, avec de nouvelles gravures, de nouveau papier, un nouveau libellé, et on apprenait au pays et au monde que l'acte de la Commune, en retombant tout entier sur elle, n'ébranlait en rien la situation et le crédit de la Banque, puisque son encaisse était tout entier à sa disposition avec son portefeuille dans une de ses succursales. La première perturbation passée, la Banque se relevait et se remettait en marche en vouant la Commune et son gouvernement aux malédictions du monde.

Du côté de la Commune, au contraire, que se passait-il? On m'accordera que l'Hôtel-de-Ville n'aurait jamais consenti à s'emparer des 50 millions de l'encaisse; il se serait contenté de prendre, en débitant le compte de la Commune que j'avais fait établir, le supplément nécessaire à la solde des soldats; mais alors, de ces prélèvements exécutés par la force, il ne restait à la Commune et à la population parisienne qu'un billet déprécié, sans valeur, un véritable assignat, avec lequel il eût été impossible de trouver chez le boulanger un pain de quatre livres. Et que serait-il résulté de cette crise horrible? Un *tolle* universel qui eût tourné contre le gouvernement de la Commune, le cri de Paris tout entier.

Il suffit, pour juger sainement les phases diverses de cette lutte de deux mois, il suffit, dis-je, de poser nettement les questions sous leur vrai jour, pour les voir se résoudre d'elles-mêmes. On voit ce qu'il y avait au fond de cette mesure que l'on représente aujourd'hui comme une mesure de salut, alors qu'au milieu de la fournaise pas une voix ne s'est élevée pour recourir à ce coup d'Etat financier.

J'ai commencé par montrer les résultats certains de la résolution, si elle avait été prise, pour faire justice d'accusations sans fondement et sans portée. Je ne parle pas de l'accueil qu'eût trouvé, à Versailles, l'*ultimatum* qu'on met en avant. La guerre épouvantable de huit jours dans les rues de Paris et tous les actes du gouvernement de Versailles sont là pour attester que M. Thiers était décidé à tout, absolument à tout, plutôt que de céder et de faire la moindre concession. La destruction de la Banque n'eût été pour lui, vis-à-vis du pays, qu'un argument de plus pour déclarer une guerre à mort à l'Hôtel-de-Ville.

Que conclure de cet exposé sommaire ? Une seule chose, c'est que cette question de la Banque de France, que j'ai la prétention de connaître à fond, ce qui m'a fait retirer la démission que j'avais tout d'abord donnée de mon mandat, a été, en définitive, comprise, conduite et résolue au mieux des intérêts de la Commune et du pays. La France a retrouvé son crédit et sa signature intacts, et la Commune, dont j'avais établi le compte à la Banque, a trouvé près d'elle les fonds dont elle avait besoin en dehors de ses recettes journalières.

Comprend-on maintenant pourquoi j'avais demandé à remplir mon mandat seul et sans l'accompagnement de la moindre force armée ? Comprend-on que l'occupation des bureaux de la Banque par les fédérés pouvait porter au crédit de cette société puissante un coup terrible, dont les belligérants de Paris eussent été les premiers à ressentir le contre-coup ?

En mon âme et conscience, tout ce qui a été fait a été bien fait, et je n'ai rien à regretter, rien à retirer, rien à blâmer des agissements qui composent l'histoire des actes de la Commune et de ma délégation à la Banque.

Il me semble qu'il reste démontré pour tout esprit impartial que le point de vue où je me suis placé, comme membre de la Commune et comme délégué à la Banque de France, était le seul juste et le seul vrai.

N'est-il pas établi que la Banque, comme foyer de richesse et comme centre de crédit, représente un patrimoine national, dont la vitalité intéresse non-seulement la France, mais encore tous les pays civilisés? car, pour les capitaux, pour le crédit, pour les affaires, il n'y a plus aujourd'hui de frontières, et la disparition de la Banque donnait une secousse au monde.

N'est-il pas évident que le maintien de la Banque profitait à la Commune comme au gouvernement, et que l'absorption de cet établissement par les fédérés mettait l'Hôtel-de-Ville dans l'impossibilité de pourvoir à la subsistance de la population? Plus d'argent, les transactions devenaient impossibles et le peuple de Paris, si sympathique à la Commune, se retournait contre elle.

N'est-il pas démontré, par tout ce qui s'est passé, que le gouvernement de M. Thiers était décidé à ne céder sur rien? L'envahissement de la Banque de France n'eût constitué pour lui qu'une crise de plus dans la lutte, et cette crise, il l'aurait acceptée et subie avec toutes ses conséquences.

Ces points établis, il ne reste plus qu'à donner le récit de ce qui s'est passé à la Banque, et, à cet égard, je déclare hautement, devant mes contradicteurs, qu'il ne me reste rien à retrancher de ce que j'ai dit dans mes *Souvenirs*. Aujourd'hui, comme en 1873, je déclare ce récit absolument exact.

Dès le lendemain de l'installation de la Commune, j'étais nommé membre de la commission des finances et délégué à la Banque de France. C'était en vue de me consacrer spécialement aux questions d'affaires que je n'avais pas donné suite à ma démission, et cette double nomination m'envoyait au seul poste qui pouvait me convenir.

J'avais, en effet, sur le rôle que la Banque de France était appelée à remplir après la guerre, des idées très-arrêtées.

L'indemnité de guerre et les pertes de toutes sortes subies par le pays ne pouvaient manquer de produire une grande diminution dans le numéraire, et la Banque, avec son crédit intact, était naturellement appelée à remplacer, par une augmentation dans la circulation de ses billets, le capital qui manquerait au travail et au commerce. C'était la Banque qui avait pourvu aux nécessités les plus urgentes de la guerre ; c'était elle encore qui devait pourvoir aux impérieuses obligations de la reprise des affaires.

Mais, pour rendre au pays ce service, que seule elle pouvait rendre, il était absolument indispensable de préserver notre premier établissement de crédit de toute mesure, de toute intervention, de tout acte propre à porter atteinte à son intégrité. Une banque doit être envisagée sous un double aspect ; si elle se présente à nous sous un côté matériel, par ses espèces et ses billets, elle s'impose aussi par un côté moral, qui est la confiance. Enlevez la confiance, et le billet de banque n'est plus qu'un assignat.

Or, la confiance ne se décrète pas, et pour la détruire il ne faut parfois que bien peu de chose. Ainsi, je demeure convaincu que l'occupation de la Banque par un bataillon envoyé par la Commune aurait suffi pour porter un coup mortel à notre monnaie fiduciaire. Et c'était là précisément ce qu'il fallait craindre ; car la Commune avait l'habitude de faire exécuter ses ordres par l'envoi de ses bataillons. Cette mesure était plausible, quand il s'agissait de l'occupation d'un ministère ; mais elle eût fait commettre une faute, peut-être irréparable, si on l'avait appliquée à la délégation de la Banque de France.

Je m'en ouvris au comité exécutif de la Commune, qui admit sans opposition la justesse de mes observations, et il fut convenu que je me présenterais seul et que j'exercerais

seul, sans aucune force armée, la délégation de la Banque
de France.

Le jour même, 29 mars, je fis à M. de Plœuc, sous-gouverneur de la Banque, une première visite. Je n'étais pas
muni de ma commission, et je ne me présentai point à lui
comme délégué de la Commune; mais j'avais à le remercier des attentions qu'il avait eues pour l'un de mes neveux,
M. Hovius, de Saint-Malo, capitaine de la garde mobile,
blessé mortellement à Chàtillon, et qui avait été soigné dans
les ambulances bretonnes dont M. de Plœuc était président.
C'était une visite de remerciements.

Ce n'était pas d'ailleurs la première fois que je voyais
M. de Plœuc. Nous nous étions rencontrés le 27 septembre,
pendant le siége, dans une réunion de Bretons à la place
des Vosges. Dans cette réunion, M. de Plœuc avait fait une
allusion assez transparente à la dictature du général Trochu, et je m'étais élevé avec toute l'énergie dont je suis
capable contre une idée que je regardais comme détestable.
Le général Trochu n'avait déjà, pour moi, que trop de
pouvoir !

Nos souvenirs à l'un et à l'autre ne pouvaient donc être
que ceux de deux compatriotes qui s'étaient rencontrés et
combattus au sujet d'une question politique. Ce n'est pas
rare dans une société où l'on ne peut se trouver quatre
personnes sans courir le risque de faire éclater quatre opinions différentes.

Dans cette première visite, je fis part à M. de Plœuc de
ma nomination comme délégué de la Commune à la Banque
de France, et je lui dis : — Je ne viendrai pas, croyez-le
bien, vous remplacer comme gouverneur de la Banque de

France. Je connais trop bien la Banque pour ne pas comprendre l'effet que produirait une telle mesure. Vous dirigez une grande compagnie, qui jouit, il est vrai, d'un grand privilége, mais qui n'en représente pas moins une propriété particulière dont la direction vous appartient. Mais la ville de Paris a chez vous un compte important, qu'elle a le droit de contrôler. La Banque a également pour le Trésor un compte que la Commune de Paris, comme gouvernement de la capitale, est intéressée à connaître. La délégation est donc pleinement justifiée, et j'espère que vous lui ferez bon accueil.

M. de Plœuc, sans faire la moindre opposition, présenta différentes observations sur la nécessité de ne porter aucune atteinte à la Banque, de respecter les comptes-courants et les dépôts, etc.

Je répondis que c'étaient là des observations fort justes, que je ne pouvais qu'approuver : mais j'ajoutai que, s'il y avait nécessité d'un côté, il y avait aussi nécessité de l'autre, et que je pensais bien que le conseil de régence reconnaîtrait, par exemple, l'obligation de continuer la solde des bataillons et de pourvoir aux besoins de la Commune.

Cette première visite me laissa cette impression, que l'accomplissement de mon mandat se concilierait bien avec l'exécution des devoirs imposés au gouvernement de la Banque, et que ma tâche, à la Banque même, ne souffrirait pas grande difficulté.

Le lendemain, je revins avec ma commission comme délégué. C'était le 30 mars au soir, M. de Plœuc était dans son cabinet avec M. Davilliers, régent de la Banque, et M. de Bentque, secrétaire du conseil général. Je présentai mon mandat au sous-gouverneur, qui me rappela notre entretien et me fit entrevoir la crainte que l'on employât la force.

— La force! répliquai-je, vous savez bien que nous l'avons, mais vous voyez bien aussi que je suis loin de vouloir y recourir, puisque j'ai tenu à venir seul occuper mon poste, sans aucune force armée. L'intérêt de la Banque, de la Commune et du pays est qu'il n'y ait aucune apparence de force; si les bataillons de la Commune viennent, je saurai, armé de mon mandat, les arrêter. Agissons tous pour le mieux, et tout ira bien.

Le lendemain, M. de Plœuc me fit installer dans un bureau qui avoisinait le sien. On me présenta la situation de la Banque. Le compte-courant de la ville de Paris, représentée par la Commune, dépassait 9 millions. Ce crédit était pour la Commune une ressource précieuse, car la Banque ne pouvait faire résistance à l'emploi des fonds de la ville en faveur de la ville elle-même.

L'encaisse était de 40 et quelques millions, et il est resté à peu près le même pendant le gouvernement de la Commune.

Tous les matins, cette situation de la Banque m'était régulièrement apportée. Les chefs principaux, le personnel, les garçons de recette, depuis le premier jusqu'au dernier, m'ont toujours témoigné la plus respectueuse déférence. Le commandant Bernard, qui commandait le bataillon de la Banque, se montrait également empressé à me faire connaître ce qui pouvait intéresser l'établissement confié à mes soins. On avait compris, dès le premier moment, quelles étaient mes dispositions, et chacun se montrait désireux de faciliter ma tâche.

Le personnel de la Banque ne fut pas seul à se moutrer satisfait de ma présence. Dans les premiers jours de mon installation, je reçus des visites et des lettres qui me remercièrent d'être resté à la Commune pour occuper ce poste, et qui m'engageaient fortement à ne pas le quitter. L'opinion avait conscience du désastre qui menaçait la France, si la planche des billets de banque devenait un jour la planche des assignats. Je le comprenais mieux que personne, et je ne venais là que pour maintenir la Banque intacte et debout.

Tel est le résumé sincère et vrai des incidents et des actes qui se sont produits pendant ma délégation à la Banque de France. En me retirant en Suisse, j'espérais y trouver le repos dont j'avais tant besoin; mais j'avais compté sans la réaction. Et en effet, la chute de la Commune a suffi pour faire naître une politique violente et sans pitié contre tous les hommes qui se rattachent, de près ou de loin, à la Révolution. Les trois partis monarchiques, unissant leurs haines et leurs vengeances sous un seul drapeau, celui du parti conservateur, ont entrepris, par tous les moyens, d'attaquer et de réduire à néant les hommes et les choses des deux révolutions du 4 Septembre et du 18 mars. Tous les procédés ont été employés : livres, brochures, enquêtes parlementaires, discours à la tribune, articles de journaux, tout a servi d'armes pour combattre et anéantir, si c'était possible, la grande armée de la République.

Cela est si vrai que l'Assemblée nationale nous a fait assister à ce triste spectacle d'une chambre qui ouvre ses bras aux hommes du vaincu de Sedan, après avoir voté par acclamation la déchéance de l'Empire.

Je ne m'attendais pas assurément à être plus épargné que tous mes amis, mais j'avoue néanmoins que j'ai été surpris de voir dénaturer les actes les mieux inspirés de ma vie et lancer contre moi tant d'insinuations perfides et de traits envenimés. J'ai servi la Commune, et je l'ai servie avec loyauté, je le confesse hautement, bien que j'aie prouvé que j'ai tout fait pour ne pas en faire partie, que je n'aie pas approuvé sa conduite politique, et que je n'aie pas cru au succès de la lutte qu'elle entreprenait contre le gouvernement et l'Assemblée. Si je suis resté à mon poste, l'on sait aujourd'hui que c'est pour arrêter l'effusion du sang, qui faisait succéder la guerre civile à la guerre étrangère, et mettre hors de toute atteinte la Banque, dont la chute représentait pour moi un désastre irréparable.

Qu'importe pour la réaction! il suffit d'avoir défendu la cause de la Révolution pour être traité comme un *malhonnête homme*. Non-seulement ma délégation à la Banque a été odieusement dénaturée, mais les écrivains monarchistes ont tout mis en œuvre pour faire comprendre que ma présence à la Banque n'était due qu'à la cupidité, que ma vie antérieure fournissait déjà des traits répréhensibles, et pour mettre le comble à la mesure, M. de Plœuc, en déposant devant la commission d'enquête parlementaire relativement au 18 mars, a bien rendu justice à mes actes, mais en laissant planer sur moi je ne sais quelles préventions blessantes et inacceptables pour tout homme de cœur.

Il m'est impossible de laisser passer sans protestations ces attaques injustifiables, et je dois une réponse catégorique à mes détracteurs.

Commençons par l'affaire du *Courrier français*. Voici ce que dit M. Délion, auteur d'une biographie des hommes de la Commune :

« M. Beslay eut différents débats avec le gérant du jour-
» nal, débats qui ne semblaient point non plus devoir con-
» tribuer à donner une haute idée de sa délicatesse : une
» souscription avait été ouverte dans les colonnes du jour-
» nal, souscription dite de la *liberté individuelle*, ouverte
» pour payer les amendes des journalistes condamnés par
» l'Empire. Le journal recueillit 2,700 francs, qui disparu-
» rent totalement. L'affaire alla jusque devant le procureur
» impérial, qui l'étouffa. »

Telle est la version diffamatoire de M. Délion, que je ne connais pas. Voici la vérité :

J'ai rempli deux fonctions au *Courrier français*, journal fondé pour faire valoir, dans les dernières années de l'Empire, les revendications des travailleurs. Ces deux fonctions sont celles de liquidateur du journal et de dépositaire des fonds recueillis par la souscription dont parle M. Dé-lion.

Comme liquidateur du journal, je dois dire que l'affaire présentait de grandes difficultés, vu le passif assez considérable de la liquidation. C'est dans le règlement de cette affaire que j'ai pu apprécier toute la valeur morale de Vermorel, qui m'avait inspiré assez longtemps, comme à beaucoup de membres du parti démocratique, de vives préventions. Quand je présentai à Vermorel, qui était à la fois gérant et rédacteur en chef, le bilan de la liquidation, actif et passif, il n'hésita pas à vendre tous ses biens pour désintéresser tous les créanciers. C'est donc avec Vermorel que j'eus à régler tous ces comptes, au sujet desquels il ne s'est élevé aucune contestation. Vermorel a été plus tard, comme

moi, membre de la Commune, et il a payé de sa vie son
dévouement à la cause du peuple. Je suis heureux de pouvoir attester sur sa tombe que c'était un esprit élevé, un
socialiste convaincu, un caractère ferme et d'une probité
irréprochable.

Quant au montant de la souscription en faveur de la liberté individuelle, que je me suis approprié d'après M. Délion, voici l'historique, avec preuves à l'appui, des faits
qui justifient l'emploi des fonds.

J'avais reçu, comme liquidateur du *Courrier français,*
l'argent de cette souscription, pour laquelle on avait formé
un comité composé de Leblond, Crémieux, G. Chaudey,
Duboy, Jules Favre et Ch. Beslay. Aucune allocation ne
devait se faire qu'avec l'approbation de ce comité, et c'est
dans ces conditions que s'est effectuée la répartition des
sommes recueillies.

La souscription avait atteint 2,958 fr. 90 cent.; mais, au
moment de la liquidation du *Courrier français,* le caissier
ne me remit que 2,490 fr. 90 cent., en me donnant toutes
justifications pour l'emploi de la différence. Ces 2,490 fr.
90 cent. ont été répartis par moi de la manière suivante :

J'ai payé 100 fr. au citoyen Manuel, qui sortait de Sainte-
Pélagie et qui était recommandé par Vermorel ; comme
tous les membres du comité de surveillance n'étaient pas à
Paris, il fut convenu entre Crémieux et moi que ce paye-
ment serait par moitié à notre charge, s'il n'était pas approuvé par le comité. J'ai la lettre de Crémieux, et, au
pied, le reçu de Manuel. Le comité donna son approbation.

J'ai versé 200 fr. à Duboy, le 18 mars 1868, pour l'a-
mende et les frais de l'affaire Haury, et 150 fr. furent en-
suite versés à Mme Haury pour autres frais et les dépens de
son avoué.

J'ai remis, le 24 mai 1868, à Perrachon, 135 fr. pour frais du premier procès de l'Internationale, et sur une lettre de Duboy, datée de Loches, le 19 novembre, j'ai versé 500 fr. à Mᵉ Savignat, avoué, pour frais dans l'affaire de Mᵐᵉ Haury contre M. Crépy, commissaire de police.

J'ai envoyé, avec l'autorisation de Duboy et Leblond, 1,000 fr. à Perrachon pour frais du dernier procès de l'Internationale.

J'ai remis le solde de la souscription, en février 1871, au citoyen Constant Martin, trésorier du comité central des associations ouvrières, après défalcation de quelques avances faites à ce comité.

Je ferai observer à M. Délion que chacune de ces applications a été faite avec l'approbation du comité de surveillance, et que j'ai entre les mains les reçus et pièces justificatives de tous les payements que je mentionne. Je lui demanderai alors ce qui reste de l'odieuse diffamation qu'il a, sans motifs et sans preuves, publiée contre moi, et qui, de lui ou de moi, a commis une malhonnête action ? — Les Basiles ne mourront donc jamais !

Ce n'est pas tout. A peine étais-je arrivé en Suisse, que je recevais de tous côtés des lettres remplies de communications bien pénibles pour moi. Mes amis de France m'apprenaient que, dans le camp réactionnaire, on ne se gênait pas pour affirmer à haute voix que la Banque de France m'avait fait un pont d'or, que j'étais parti avec 300,000 fr., et qu'elle me servait à Neuchâtel une pension de 12,000 fr. par an. Ces allégations franchissaient naturellement la frontière, et, de leur côté, mes amis de la Commune m'écrivaient pour savoir s'il était vrai que j'eusse reçu 300,000 fr. et que la Banque me servît une pension de 12,000 fr. ?

A toutes ces calomnies, à toutes ces lettres affligeantes, j'ai répondu et je réponds encore :

1° Que j'avais à l'avance déclaré à la Banque que je ne recevrais pas un centime d'elle;

2° Que, depuis mon départ, je n'ai rien reçu, absolument rien, ni comme rémunération, ni comme pension.

Est-ce clair ?

Ces dénégations par correspondance ne me donnaient qu'une demi-satisfaction, car elles n'empêchaient pas les mêmes mensonges de circuler en France et à l'étranger. Je souffrais, sans rien dire, cette douleur imméritée, comptant bien qu'il arriverait un jour où la presse réactionnaire me donnerait les moyens de répéter tout haut ce que j'affirmais, depuis mon départ, dans ma correspondance privée.

Je ne me trompais pas. Le porte-voix le plus retentissant de la réaction, le *Figaro*, considérant sans doute mon silence comme un acquiescement aux affirmations que l'on colportait, crut le moment favorable pour diriger contre moi l'une de ses flèches empoisonnées. Voici l'article que M. Alfred d'Aulnay publia dans le numéro du 27 février 1873 :

LE MARQUIS DE PLOEUC ET LE CITOYEN BESLAY.

En lisant dans le *Figaro* d'hier un entrefilet extrait par mon collaborateur, Francis Magnard, du journal l'*Avenir national*, sur le rôle joué à la Banque de France par le citoyen Beslay pendant la Commune, je me suis souvenu fort à propos, on va le voir, de la façon dont s'étaient passés ces événements. Le hasard a fait que, au lendemain des journées de mai, ce récit soit resté dans mes notes et que je ne l'aie pas publié. Depuis, j'ai cru convenable de ne pas raconter sur le père d'un de nos confrères de la presse conservatrice, une histoire que ce confrère désirerait sans doute ne pas conserver dans ses archives de famille. Mais puisque les amis de MM. Beslay, père et fils, sortent de la réserve où ils auraient dû se tenir, il devient nécessaire de dire toute la vérité.

Pendant le siége, le citoyen Beslay, président d'un comité de secours aux Bretons, s'était montré souvent hostile à M. le marquis de Plœuc, ce qui n'empêcha pas ce dernier de rendre des services à des mobiles bretons que protégeait le futur communard. Quand vint la Commune, le citoyen Beslay, se trouvant fortuitement en présence de M. de Plœuc, ne dissimula pas les appréhensions qu'il avait sur l'issue de la lutte. « Il y a peut-être un moyen de vous sauvegarder, lui dit le marquis, c'est de rester à la Banque, où votre présence ne me sera pas inuti'e. » Et il lui fit ressortir à la fois les avantages moraux et matériels qu'il pourrait tirer du rôle qu'il lui destinait. Beslay accepta.

Mais la présence du doyen des communards n'empêcha pas les émissaires armés de ce gouvernement fantaisiste de faire à plusieurs reprises invasion dans notre grand établissement financier. M. de Plœuc s'en débarrassait en menaçant simplement de brûler la cervelle à celui qu'on désigne aujourd'hui comme le sauveur de la Banque. C'est sous le canon du revolver que Beslay intervenait. Il connaissait assez, du reste, le caractère du marquis, pour obéir de bonne grâce à ses injonctions.

Quand l'armée de l'ordre se fut emparée de Paris, M. le marquis de Plœuc, fidèle à sa promesse, cacha le citoyen Beslay jusqu'au jour où il put obtenir, non pas un sauf-conduit, mais un passe-port pour deux personnes, dont *une non dénommée.* Armé de ce passe-port, il conduisit

Beslay à Genève, où il lui annonça qu'il venait de faire un héritage qui lui permettrait de vivre fort à son aise à l'étranger.

Le citoyen Beslay savait bien à quoi s'en tenir sur cet héritage inattendu, mais il l'accepta tout de même.

Tels sont les faits. S'ils ne font pas regretter que Beslay ait échappé aux sévérités de la justice militaire, du moins montrent-ils que le vieux communard a été un instrument, et rien de plus, et qu'*il doit plus à la Banque* que la Banque ne lui doit.

Alfred D'AULNAY.

Il est clair que M. Alfred d'Aulnay ne connaît pas le premier mot des questions dont il parle, mais il me donnait les moyens de lui répondre et de faire tomber publiquement les calomnies dont j'ai été depuis si longtemps abreuvé.

Je répondis, à la date du 4 mars, de Neuchâtel, une longue lettre qui fut publiée dans le *Figaro* du 13 mars, et que je reproduis ici :

Neuchâtel (Suisse), 4 mars 1873.

Monsieur le rédacteur,

Vos numéros du 26 et du 27 février ne me sont arrivés qu'aujourd'hui à Neuchâtel, et, en voyant comment tous les faits sont dénaturés, comment on fait pleuvoir sur moi les imputations les plus odieuses, je dis, comme vous, *qu'il devient nécessaire de dire toute la vérité.*

Vous ne pouvez me refuser le droit de la remettre sur pied, en vous donnant, sur les points dont vous vous occupez, les informations les plus précises et les plus circonstanciées. Je n'ai pas attendu vos articles pour aller au-devant des éclaircissements que réclame l'opinion, et quand j'ai eu connaissance du rapport de la commission du 18 mars, j'ai écrit à M. de Plœuc lui-même pour relever toutes les erreurs que contient sa déposition. Il faut que *toute la vérité soit connue*, et, pour ma part, je suis bien résolu à la révéler au grand jour. Je mets la dernière main à un livre qui dira la vérité, toute la vérité, sur ce que j'ai vu, sur ce que j'ai su, sur ce que j'ai fait, depuis le premier jour de la Commune jusqu'au dernier !

A tous les faits que vous présentez d'une façon si injurieuse pour moi, voici ma réponse, et j'espère que vous la trouverez péremptoire :

1º Ce n'était pas moi qui présidais le comité breton dont vous parlez, mais bien le marquis de Plœuc, et l'opposition que je lui fis dans une réunion de cette association, place des Vosges, était motivée par ma résistance la plus énergique à une allusion des plus transparentes à une dictature éventuelle du général Trochu ; mais cette opposition, que l'on a qualifiée de *rapports violents,* ne m'empêchait pas d'aller remercier M. de Plœuc des attentions qu'il avait eues, dans une ambulance bretonne, pour l'un de mes neveux, M. Hovius, de Saint-Malo, capitaine d'un bataillon de mobiles, blessé à Châtillon et mort quelques jours après de ses blessures. Voilà, dans *toute sa vérité*, ma situation vis-à-vis de M. de Plœuc, quand je me présentai à lui comme délégué de la Commune à la Banque de France.

2º Quant à la fable, véritablement grotesque, que vous imaginez pour expliquer l'éloignement des bataillons de la Commune, elle a dû bien faire rire vos lecteurs. Dans ce drame, où il n'y avait rien de risible, vous faites figurer M. de Plœuc et moi comme Abraham et Isaac sur le point d'accomplir le grand sacrifice. M. de Plœuc tenait sur ma poitrine un revolver armé, et, à la vue de l'arme redoutable, les bataillons, pour sauver mes jours, s'en allaient épouvantés ! Est-ce croyable ?

La vérité, Monsieur, la voici :

1° Jamais, au grand jamais, M. de Plœuc n'est intervenu personnellement avec moi pour empêcher les bataillons de la Commune de franchir le seuil de la Banque.

2° Je me suis présenté seul, absolument seul, et j'ai fait respecter, par la force armée de la Commune, le mandat qui m'était confié par la Commune elle-même. Telle est, Monsieur, la vérité, et je vous défie d'obtenir, de tout le personnel de la Banque, un témoignage qui infirme le mien.

3° Quant à mon sauf-conduit et à mon héritage, je me contente d'opposer à vos assertions les faits suivants, que vous pourrez contrôler à votre aise. Non-seulement je n'ai pas sollicité de sauf-conduit, mais j'ai écrit à M. Thiers et au procureur-général pour être jugé. Mon héritage, que vous regardez comme une invention, est un héritage réel qui était depuis longtemps ouvert quand je fus nommé à la Commune : c'est l'héritage d'une de mes sœurs, décédée en août 1870.

4° Le fait capital, pour vous comme pour tout le monde, est celui qui me représente comme un homme qui n'est allé à la Banque que par intérêt et qui affirme que j'en suis sorti les mains pleines ; sur ce point, Monsieur, voici les trois affirmations que vous ne pourrez détruire :

Je suis allé à la Banque avec l'intention de la mettre à l'abri de toute violence du parti exagéré de la Commune, et j'ai la conviction d'avoir conservé à mon pays l'établissement qui constituait notre dernière ressource financière.

Je n'ai jamais reçu *ni appointements, ni gratification, ni souvenir d'aucune sorte* de la Banque, et ma résolution à cet égard était irrévocablement arrêtée, sachant par mon expérience de cinquante ans de vie politique comment on est jugé et approuvé par ses adversaires.

Je n'ai pas même voulu que l'unique garçon de bureau qui m'accompagnait, comme un homme dont je voulais être sûr, reçût de la Banque le moindre argent. Je suis entré à la Banque et j'en suis sorti les mains vides; je ne m'en glorifie pas, je n'ai fait que mon devoir; mais il importe au moins qu'il n'y ait à ce sujet aucun doute dans les esprits, et vous voudrez bien, Monsieur, donner place dans le *Figaro* aux rectifications que je vous envoie.

Ma réponse vous convaincra, j'espère, Monsieur le directeur, que mon désintéressement ne peut être mis en doute, et vous conviendrez que, contrairement à votre allégation, je suis sorti de la Banque *sans rien lui devoir.*

Veuillez agréer, Monsieur, mes salutations sincères.

Ch. BESLAY.

Encore une dernière accusation, que je ne connais que depuis quelques jours.

Mes ennemis, en tournant et retournant les actes de ma longue carrière, ont découvert que j'avais été chargé de la liquidation de la célèbre association des tailleurs de Clichy, et ils n'ont pas manqué d'affirmer, non-seulement que cette liquidation avait été pour moi profitable, mais que j'avais trouvé le moyen de garder pour moi tout l'actif de l'association qui fit tant de bruit après la Révolution de février en 1848; mais ce qu'on ignore et ce que je suis heureux de pouvoir répondre à mes accusateurs, c'est que l'actif de cette association, qu'on présente comme un Pactole, n'était même pas suffisant pour payer les frais rigoureusement nécessaires de la liquidation, et, loin d'avoir profité de ce mandat qu'on représente comme si avantageux, je fus obligé de faire personnellement les frais des derniers actes qui ont clôturé les opérations de l'affaire. Voilà comment il m'a été donné de bénéficier de cette liquidation. Si je n'avais toute ma vie travaillé que de cette façon, il ne me resterait plus qu'à mourir à l'hôpital.

J'arrive à l'acte qui a produit sur moi la plus douloureuse impression. Je veux parler de la déposition de M. de Plœuc devant la commission d'enquête au sujet du 18 mars. Je n'insisterai pas. Tout en renouvelant à M. le sous-gouverneur de la Banque de France l'expression de la gratitude que je lui dois pour m'avoir accompagné jusqu'à Neuchâtel, je n'éprouve aucun embarras à reconnaître que sa conduite à la Banque a été très digne et qu'il a fait ce qu'il a pu pour défendre l'établissement dont il restait le chef. Il ne pouvait pas assurément le sauver, puisqu'il l'avoue lui-même, et qu'à un certain moment il était obligé de se cacher. Mais si j'avais été appelé à déposer au sujet de ses agissements, j'aurais certainement été plus équitable envers lui qu'il ne l'a été envers moi.

Pourquoi donc ne m'a-t-il pas rendu justice pour justice? Pourquoi me force-t-il à protester contre des erreurs, des réticences et des insinuations qui sont cruelles, non-seulement pour ma conduite à la Banque, mais encore pour ma vie entière?

Il est impossible de lire la déposition de M. de Plœuc sans que l'on éprouve pour ma personne un sentiment d'invincible prévention. A cette lecture, j'ai sans retard ré-

pondu à M. de Plœuc par une lettre d'énergique protestation, et chacun comprendra que je ne puis manquer au devoir impérieux qui me commande d'enlever toute interpré-
tation fâcheuse à un témoignage qui fait litière de mes
convictions, de mon caractère et de mon honneur !

Rétablissons tout d'abord quelques faits secondaires, que
la déposition de M. de Plœuc présente d'une manière
inexacte.

Le sous-gouverneur de la Banque dit, page 493 : « Dès le
» 6 avril 1871, j'avais été prévenu par M. Beslay que
» Raoult-Rigault avait décidé mon arrestation. » Sa mémoire le sert mal, ce n'est pas moi qui lui parlai le premier
de ces risques. C'est lui-même qui s'en ouvrit à moi, en me
demandant ce que j'en pensais. Nous étions en ce moment
sous le passage qui conduit de la première cour de la Banque à la seconde. Je lui répondis que je ne savais rien des
dispositions de Raoult-Rigault, mais qu'il ferait bien de se
mettre en sûreté.

Ceci est peu important, passons.

M. de Plœuc commet également des erreurs matérielles
en indiquant les chiffres qui représentaient la situation de
la Banque, mais je ne les mentionne, en passant, que pour
montrer de combien d'inexactitudes le sous-gouverneur a
rempli son témoignage.

Il dit, page 500, que les membres de la Commune, même
un seul, « se faisaient annoncer chez lui par ce seul mot :
» la *Commune!* et qu'ils étaient toujours affublés de l'é-
» charpe rouge. »

Comme le délégué le plus en rapport avec lui, on peut
croire que c'est de moi qu'il parle, tandis qu'il sait bien que

je n'ai jamais ceint mon écharpe que pour aller faire respecter par les bataillons l'autorité de la Commune.

Ce sont là des traits accessoires, et j'en pourrais relever beaucoup d'autres.

Arrivons aux questions principales.

L'impression dominante qui résulte de cette déposition, c'est que M. de Plœuc a fait de son témoignage un plaidoyer en faveur de sa propre conduite. Le sous-gouverneur a parlé *pro domo suâ*, et cela est si vrai, qu'après l'avoir entendu, les membres de la commission ont tour à tour exprimé le désir de voir récompenser le sous-gouverneur, le chef de bataillon et tout le personnel.

Que le sous-gouverneur de la Banque monte au Capitole, je ne trouverai rien à redire. Chacun obéit au mobile qui le fait agir, et en obéissant à une pensée plus haute, — le devoir! — je ne suis pas homme à ambitionner les récompenses recherchées par d'autres.

Ce qui me peine et me fait protester, c'est de voir l'incroyable injustice avec laquelle tout le rapport a été échafaudé. Il y a injustice, car, après avoir mis en relief son courage et celui de tout le personnel de la Banque, M. de Plœuc a été obligé de confesser humblement que cette énergique attitude n'eût compté pour rien, sans l'intervention du délégué de la Commune à la Banque; il y a injustice, car, après avoir reconnu la nécessité de mon concours, voici de quelle affligeante façon M. de Plœuc parle de moi à la commission :

Page 490. — « Pendant le siége des Prussiens, nous
» avons eu quelques rapports mauvais, violents même;
» mais enfin, nous nous connaissions. »

Page 491. — « Ma situation était désespérée, la Banque
» tout au moins était aux mains de la Commune, *mais je
» vis au silence de mon interlocuteur que j'avais fait vi-
» brer en lui la corde de l'honneur.* »

Page 492. — « On a donné à M. Beslay le droit de s'en
» aller ! Permettez-moi de jeter un voile sur tout cela. »

Idem. — M. Beslay est un de ces hommes dont l'imagi-
» nation est sans contrepoids et qui se complait dans l'uto-
» pie. Il rêve de concilier tous les antagonismes qui sont
» dans la société, les patrons et les ouvriers, les maîtres et
» les serviteurs. »

Voilà l'équité avec laquelle on apprécie ma personne et
mon mandat. D'un côté, je suis l'homme indispensable ; de
l'autre, l'homme indispensable n'est plus qu'un être impossible chez lequel on a besoin *de faire vibrer la corde de
l'honneur!* Ah ! Monsieur le marquis, étais-je donc arrivé
à 76 ans sans comprendre ce que c'est que l'honneur ? et si
j'avais des sentiments si bas, comment expliquez-vous l'é-
nergie que j'ai déployée pour sauver la Banque ?

Vous comprendrez, j'espère, que je ne pouvais rester sous
le coup d'une appréciation qui équivaut à une condamnation. Pourquoi donc voulez-vous jeter un voile sur tout ce
qui me concerne ? Il n'y a pour moi que le vrai et le faux,
le bien et le mal, et de deux choses l'une : Ou j'ai mal agi,
et alors il faut dire au grand jour tout ce que vous pouvez
articuler contre moi ; ou j'ai bien agi, et alors je ne comprends rien au *voile* que vous vous efforcez de jeter sur
mes agissements. La justice envers ses adversaires est le
premier mot de la pacification sociale.

Cette pacification que je rêve, vous la regardez comme
une utopie ; toutes les idées nouvelles ont été envisagées
comme chimériques. Quant aux miennes, vous ne les avez

pas toujours trouvées irréalisables, et je dois vous rappeler que vous donniez une approbation entière au projet de fermage que je propose pour rapprocher les propriétaires des travailleurs des campagnes.

En voilà certainement assez pour démontrer qu'en sacrifiant à l'esprit de parti, vous n'êtes arrivé qu'à sacrifier ma personne; mais la vérité sortira quand même des témoignages contradictoires des partis, et vous êtes obligé de lui rendre vous-même hommage, par les attestations suivantes, qui suffiront à mettre en lumière ma participation aux actes de la Commune. Vous dites, page 492 : « Je déclare » que sans le secours que M. Beslay nous a apporté, la » Banque de France n'existerait plus. » Page 495 : « Beslay » arrive, et je lui dois encore cette justice de dire qu'il usa » très-énergiquement de son autorité pour s'opposer à » toute perquisition, et qu'il parvint à faire retirer les » troupes. »

Là est la vérité, et cette vérité me tient lieu de toute récompense.

Mes lecteurs me pardonneront d'avoir insisté sur ce sujet. D'abord, l'importance de la question et les opinions qui se sont produites demandaient un exposé complet des principes et des faits. En second lieu, c'est le point que je connais le mieux, puisque j'étais le délégué de la Commune à la Banque. Enfin, c'est celui qui m'a valu les attaques les plus violentes, de tous les côtés, puisqu'aux calomnies de la réaction viennent se joindre, comme on le voit, les critiques du citoyen Lissagaray.

Je n'ai point marchandé les éloges au beau livre de mon adversaire, et, en toutes circonstances, je saurai reconnaître les services rendus à la cause du peuple; mais, personnellement, je proteste, de toute mon énergie, contre les leçons de savoir économique et financier et de conduite politique que le citoyen Lissagaray me donne d'un ton qui frise l'infaillibilité.

Sur toutes les questions qui se rapportaient à mon mandat comme délégué à la Banque de France, je pourrais avoir la prétention de donner des leçons, mais je n'en reçois de personne, et le citoyen Lissagaray, qui me représente comme un vieillard tout attendri, répétant à l'Hôtel-de-Ville la leçon que m'a faite M. de Plœuc, ne prouve qu'une chose, c'est qu'il ne me connaît nullement; car, me connaissant, il saurait que je ne suis pas un homme qu'on tourne et retourne à sa volonté. Voici le passage, de toutes façons inexact, que je relève dans l'*Histoire de la Commune*, parce qu'il m'a blessé injustement, parce qu'il est contraire à la vérité des faits, et parce qu'il a la prétention de juger souverainement une question que l'historien ne connaît qu'imparfaitement.

« Les membres du Conseil, dans leur emportement enfantin, n'avaient pas vu les vrais ôtages qui leur crevaient les yeux : la Banque, l'Enregistrement et les Domaines, la Caisse des dépôts et consignations. Par là on tenait les glandes génitales de la bourgeoisie, on pouvait rire de son expérience, de ses canons. Sans exposer un homme, la Commune n'avait qu'à tordre la main, dire à Versailles : « Transige ou meurs. »

» Les timides élus le 26 mars n'étaient pas pour l'oser. Le Comité central avait fait une terrible faute en laissant filer l'armée versaillaise; le Conseil sut en commettre une cent fois plus lourde. Toutes les insurrections sérieuses ont débuté par saisir le nerf de l'ennemi : la caisse. La Commune est la seule qui ait refusé. Son Conseil abolit le budget des cultes qui était à Versailles, et resta en extase devant le budget de la bourgeoisie qu'il tenait sous sa main.

« Scène d'un haut comique, si l'on pouvait rire d'une négligence qui a fait couler tant de sang. Depuis le 19 mars, les régents de la Banque vivaient comme les condamnés à mort, attendant chaque matin l'exécution de leur caisse. De la déménager à Versailles, on n'y pouvait songer. Il aurait fallu soixante ou quatre-vingts voitures et un corps d'armée. Le 23, le gouverneur Rouland n'y tint plus et s'enfuit. Le sous-gouverneur de Plœuc le remplaça. Dès la première entrevue avec les délégués de l'Hôtel-de-Ville, il perça leur timidité, batailla, puis parut mollir, céda peu à peu, fila son argent écu par écu. Le côté vaudeville est qu'il chicanait à Paris l'argent même de Paris, un solde créditeur de neuf millions quatre cent mille francs, déposé à la Banque. Il manœuvra ainsi jusqu'au 28 mars. La Banque, que Versailles croyait presque vide, renfermait : numéraire, 77 millions; billets de banque, 166 millions; portefeuille, 889 millions; valeurs en garantie d'avance, 120 millions; lingots, 11 millions; bijoux en dépôt, 7 millions; titres déposés, 900 millions; soit 2 milliards 180 millions. 800 millions, en billets de banque, n'attendaient que la griffe du caissier, griffe facile à faire. La Commune avait donc près de trois milliards sous la main, dont plus d'un milliard liquide, de quoi acheter tous les généraux, officiers et fonctionnaires de Versailles; pour ôtages, les 90,000 dépositaires de titres et les deux milliards en circulation, dont le gage se trouvait rue de la Vrillière.

» Le 29 mars, le père Beslay se présenta devant le tabernacle. De Plœuc avait mis sur pied ses 430 employés, armés de bâtons, car leurs fusils étaient sans cartouches. Beslay, introduit à travers tout cet attirail, pria humblement le

gouverneur de vouloir bien satisfaire aux nécessités de la
solde. De Plœuc répondit de haut, parla de se défendre. —
« Mais, enfin, dit Beslay, si, pour éviter l'effusion du sang,
» la Commune nommait un gouverneur. — Un gouver-
» neur ! jamais ! dit de Plœuc, qui comprit son homme,
» mais un délégué ; si ce délégué était vous, nous pourrions
» nous entendre. » Et, passant au pathétique : — « Voyons,
» M. Beslay, aidez-moi à sauver ceci : c'est la fortune de
» votre pays, c'est la fortune de la France. »

» Beslay, tout attendri, courut à la commission exécutive, répéta sa leçon, d'autant mieux qu'il se piquait de
finances : « La Banque est la fortune du pays ; hors d'elle
» plus d'industrie, plus de commerce ; si vous la violez,
» tous ses billets font faillite. » Ces niaiseries circulèrent à
l'Hôtel-de-Ville. Les proudhoniens du Conseil, oubliant
que leur maitre a mis la suppression de la Banque en tête
de son programme révolutionnaire, renforçaient le père
Beslay. La forteresse capitaliste n'avait pas à Versailles de
défenseurs plus acharnés. Si encore on eût dit : « Occupons
» au moins la Banque. » La Commission exécutive n'eut
même pas ce nerf et se contenta de commissionner Beslay.
De Plœuc reçut le bonhomme à bras ouverts, l'installa dans
le cabinet le plus proche, en fit son otage, et dès lors res-
pira.

» Ainsi, dès la première semaine, l'Assemblée de l'Hôtel-
de-Ville se montrait faible envers les auteurs de la sortie,
faible envers le Comité central, faible envers la Banque,
légère dans ses décrets, dans le choix de son délégué à la
guerre, sans plan militaire, sans programme. Les deux ou
trois radicaux restés au Conseil virent bien où l'on allait.
Ne tenant pas au martyre, ils donnèrent leur démission.

» O ! Révolution, tu n'attends pas nos heures. Tu surviens brusquement, par derrière, aveugle et fatale comme l'avalanche. Le vrai soldat du peuple accepte la lutte où le hasard le place. Les fautes, les défaillances, les compagnons compromettants ne le rebutent pas. Certain de la défaite, il lutte encore ; sa victoire est dans l'avenir. »

Ces pages de l'historien, comme style et comme mise en scène, sont d'un grand effet. La Commune est présentée, ainsi que moi, comme un enfant qui ne connaît pas le premier mot des grands devoirs que la nécessité lui impose.

Trop de rhétorique, en vérité, et, politique pour politique, j'affirme que celle de la Commune vaut mieux que celle de l'historien qui nous condamne avec des airs ironiques.

Qu'on me permette de dégager tout d'abord ma situation personnelle.

Après avoir rompu, depuis trente ans, avec la bourgeoisie, pour défendre et aider les travailleurs, j'ai montré et prouvé à mon pays que je n'étais pas un Géronte ; sans faire valoir mes états de service, je tiens à les faire respecter et à les couvrir de la juste considération à laquelle ils ont droit.

J'ai prouvé que, le premier jour avec la Commission exécutive, et le dernier jour avec le citoyen Delescluze, membre du Comité de Salut public, je m'étais mis d'accord avec la Commune pour l'accomplissement de mon devoir. J'ai donc été fidèle à mon mandat, que j'ai rempli jusqu'au bout, même les jours où la maladie ne me laissait pas la force de me tenir sur pied. Mon devoir accompli, ma conscience est tranquille.

Quant aux attendrissements que le langage ému de M. de Plœuc pouvait exercer sur ma sensibilité, le citoyen

Lissagaray prouve qu'il ne connaît ni mon caractère, ni les événements ; le récit de ma délégation constate que, depuis le commencement jusqu'à la fin, j'ai su résister à M. de Plœuc, et si je n'avais pas pour les questions personnelles une répulsion invincible, je pourrais, par des arguments péremptoires, démontrer qu'il est inutile de chercher à m'émouvoir. Mais ce serait faire étalage du peu que j'ai pu faire pour le prolétariat, et j'aime mieux passer outre. Mais, puisque la vérité est pour le citoyen Lissagaray, comme pour moi, le principe qui domine tout, j'espère que, dans les éditions qui suivront celle que j'ai vue, il aura soin de ne plus m'attribuer le rôle de vieillard inutile ! Qu'il sache bien que si je maxime mes pratiques, je ne fais jamais non plus que pratiquer des maximes qui sont les convictions d'une vie entièrement dévouée aux intérêts de la démocratie.

Et maintenant, si de la question qui me concerne nous passons à la question qui touche la Commune, le débat s'agrandit et s'élève immédiatement aux plus hautes proportions. Comment ! A l'heure où le quatrième Etat prend pied, pour la première fois, dans l'histoire, à l'heure où le prolétariat fait gouvernement prend la parole, il aurait commencé par dire à son ennemi : J'inaugure mon avénement en vous dépouillant de trois ou quatre milliards ! Comment ! Voilà un demi-siècle que la politique réactionnaire accuse la démocratie socialiste de ne représenter que le vol, le brigandage et le crime, et la Commune, qui est l'avant-coureur de ce régime de rédemption, aurait commencé par justifier les infâmes calomnies dont on l'abreuve de la façon la plus inique et avec les exagérations les plus déshonorantes. Elle aurait commencé par une expropriation publique et privée de trois milliards ! En vérité, le citoyen Lissagaray n'y a pas réfléchi, et entre les deux solutions, celle que j'ai défendue et pratiquée avec la Commune, et celle que sa politique, plus fantaisiste que révolutionnaire, met en avant, il n'y aura jamais d'hésitation, ni pour les socialistes, ni pour les révolutionnaires, ni pour la Commune.

Le système de la Commune et le mien se traduisent par ce mot sacré : respect de la propriété jusqu'à sa transformation.

Le système du citoyen Lissagaray aboutit à ce mot répulsif : spoliation.

Entre les deux systèmes, l'opinion choisira, et, je vais plus loin : j'ose dire qu'elle a choisi !

CHAPITRE VIII.

Le Socialisme et la Commune. — Question importante et question difficile. — Qu'est-ce que le socialisme? — La Commune a-t-elle fait du socialisme? — La vérité sur ce point. — Décret de la Commune intéressant le travail. — Le socialisme et l'*Internationale* en dehors de la Commune.— Le socialisme en Europe. — Où en est la solution de la question. — Réponse à des socialistes de Lausanne. — L'écueil de l'avenir.

Je crois nécessaire de consacrer un chapitre spécial à cette question, que je regarde comme très importante. N'est-ce pas en effet avec ce mot de socialisme que les lecteurs superficiels arrivent à condamner la Commune, sans même vouloir l'entendre? C'est ainsi que M. Picard, ministre de l'intérieur, parlant du Comité central et de la Commune, disait : « Ne m'en parlez pas, c'est une bande de communistes avec lesquels il n'y a rien à faire ! »

L'histoire réactionnaire, qui a pour elle les cent voix de la renommée, a l'habitude de procéder de la même façon. Elle fait de la Commune la bête de l'Apocalypse, lui donne le nom de socialiste et la traîne aux gémonies aux applaudissements de la foule. On croirait entendre les Romains de la décadence s'écriant avec frénésie : Les chrétiens aux bêtes !

D'un autre côté, cette question n'est pas sans difficultés. Le socialisme, en effet, représente en quelque sorte, pour la masse du public, un monde inconnu, un labyrinthe dans lequel on ne peut guère pénétrer et trouver sa route que si l'on tient en main un fil conducteur, c'est-à-dire si l'on a la connaissance nécessaire des questions contenues et agitées dans ces associations.

Sans insister sur ce côté de la question, je crois pouvoir affirmer qu'en prenant part aux événements de la Commune, j'étais depuis longtemps initié à tous les problèmes posés et discutés par le socialisme. Je puis même revendiquer l'honneur d'avoir été le premier bourgeois inscrit sur les listes de l'*Internationale* à Paris, et quand le premier comité fut constitué, les ouvriers qui en faisaient partie me comprirent parmi les membres du bureau ; je dus refuser, en leur faisant remarquer que, dans l'intérêt de la cause, il importait au plus haut degré de ne pas laisser usurper la place des travailleurs par des bourgeois. La place que l'on m'avait réservée était une fissure qui aurait plus tard laissé passer les ambitieux, qui ne sont en réalité que les mouches du coche dans la lutte poursuivie pour l'affranchissement du travail. Mais le refus motivé de ma part ne m'empêcha pas de m'occuper activement des questions ouvrières, et je puis dire que j'ai contribué dans la mesure de tous mes moyens à la création et à la marche des associations ouvrières de Paris. J'étais donc en bonne situation pour apprécier l'influence que pouvait exercer le socialisme sur le gouvernement de la Commune.

Qu'est-ce que le socialisme? C'est, dans sa définition la plus large, la représentation de toutes les idées mises en avant pour reconstituer le travail sur de nouvelles bases et dans les conditions de justice et de vérité que dicte la conscience.

A ce point de vue, il est clair que le Comité central et la Commune ont été deux incarnations soudaines et vivantes de l'idée socialiste, c'est-à-dire de l'idée favorable à l'émancipation du travail ; et si la Commune avait été appelée à formuler un programme de réformes, je demeure convaincu que les institutions créées par elle, au lieu de pencher du côté du capital, comme aujourd'hui, auraient visiblement penché du côté du travail, unique fondement des sociétés humaines.

Mais, en réalité, la précipitation des événements et la nécessité de parer à toutes les péripéties de la lutte ne permirent pas à l'assemblée de l'Hôtel-de-Ville d'entreprendre la moindre transformation sociale. Que l'on consulte, depuis le commencement jusqu'à la fin, les procès-verbaux, les décrets, les mesures prises, et l'on verra que la Commune n'a même pas eu le temps d'aborder une seule des questions posées par le socialisme.

Deux actes de la Commune, le règlement des billets et des loyers non payés et le décret relatif à l'occupation des ateliers abandonnés par leurs propriétaires, pourraient être considérés comme se rattachant de loin à la question du travail. Mais ces deux actes, qui concernaient des situations transitoires, ne mirent en discussion aucune des thèses capitales qui composent l'ensemble des revendications du prolétariat. L'attention était ailleurs ; il fallait tout d'abord songer au maintien de la République, et pour cela la Commune utilisa son pouvoir de deux façons bien distinctes : le premier mois, elle négocia en vue d'arriver à une entente, et, l'entente devenant impossible, le second mois elle dut se résoudre à combattre et à repousser les efforts de ceux qui l'attaquaient.

Quant à l'*Internationale*, son intervention fut absolument nulle. Le Conseil fédéral des sections parisiennes, qui comptait pourtant plusieurs de ses membres dans le Comité central et à la Commune, ne prit la parole qu'une fois. Le 23 mars, trois jours avant les élections, qui eurent lieu le 26, le Conseil fédéral publia une adresse au peuple, dans laquelle il insistait précisément sur les avantages de la Révolution municipale que Paris venait d'accomplir.

« Travailleurs,

» Nous avons combattu, nous avons appris à souffrir pour notre principe égalitaire ; nous ne saurions reculer alors que nous pouvons aider à mettre la première pierre à l'édifice social.

» Qu'avons-nous demandé ?

» L'organisation du crédit, de l'échange, de l'association, afin d'assurer au travailleur la valeur intégrale de son travail ;

» L'instruction gratuite, laïque et intégrale ;

» Le droit de réunion et d'association, la liberté absolue de la presse, celle du citoyen ;

» L'organisation, au point de vue municipal, des services de police, de force armée, d'hygiène, de statistique, etc.

» Nous avons été dupes de nos gouvernants, nous nous sommes laissé prendre à leur jeu, alors qu'ils caressaient et réprimaient tour à tour les factions dont l'antagonisme assurait leur existence.

» Aujourd'hui, le peuple de Paris est clairvoyant : il se refuse à ce rôle d'enfant dirigé par le précepteur, et dans les élections municipales, produit d'un mouvement dont il est lui-même l'auteur, il se rappellera que le principe qui préside à l'organisation d'un groupe, d'une association, est le même qui doit gouverner la société entière, et, comme il rejetterait tout administrateur, tout président imposé par un pouvoir en dehors de son sein, il repoussera tout maire, tout préfet imposé par un gouvernement étranger à ses aspirations.

» Il affirmera son droit supérieur au vote d'une Assemblée de rester neutre dans sa ville et de constituer comme il lui convient sa représentation municipale, sans prétendre l'imposer aux autres.

» Dimanche, 26 mars, nous en sommes convaincus, le peuple de Paris tiendra à honneur de voter pour la Commune.

» Les délégués présents à la séance de nuit
du 23 mars 1871. »
(Suivent les signatures).

Cette adresse est un témoignage indestructible, et je le consigne précieusement dans mon livre. Ce langage de l'*Internationale* a, pour la thèse que je soutiens, une portée dont mes adversaires seront bien forcés de tenir compte. Si la Commune était née d'une explosion préparée par les affiliés de l'*Internationale*, il est certain qu'à la veille des élections, la société qu'on signale comme la force motrice du mouvement, n'eût pas manqué de prendre une attitude dominative vis-à-vis du nouveau pouvoir sorti de ses entrailles.

Or, de ces prétentions, on conviendra que l'adresse de l'*Internationale* ne contient aucune trace, et le socialisme armé et gouvernant n'apparaît nulle part, ni dans les circulaires du Comité central, ni dans la proclamation de la Commune, ni dans les affiches de l'*Internationale* : le programme gouvernemental ne contient comme politique que les généralités admises dans toutes les revendications du parti démocratique depuis 1848.

Qu'on ne dise donc pas : bande de pillards ! La Commune eut devant elle des montagnes d'or, et ne distribua à ses défenseurs que les trente sous du siége, et encore la distribution ne se fit pas d'une façon bien régulière. Qu'on ne dise pas : tourbe de communistes ! Je défie qu'on me cite un acte où le communisme se révèle comme doctrine et comme pouvoir. Qu'on ne dise pas : secte de socialistes ! La Commune n'était réellement peuplée que de socialistes. La cause du travail était l'étoile qui la dirigeait, et l'on peut saluer en elle le prem'er avénement au pouvoir du prolétariat, que les insurrections de Lyon et de juin 1848 avaient révélé comme la première éclosion du quatrième Etat, demandant aussi son admission au banquet social. Mais, encore une fois, le caractère de cette révolution résulte de l'ensemble des événements, et jamais la Commune n'a songé à faire de la propagande socialiste et à pratiquer telle ou telle doctrine spéciale. La vérité est que le mouvement du 18 mars n'a fait explosion que pour défendre la République et les franchises de la garde nationale et de Paris, et jusqu'à la fin Paris conserva cette attitude. La Commune fut un soldat qui combattait pour la République, et Versailles un soldat qui combattait, comme il combat encore, pour la monarchie. L'histoire dira de quel côté étaient le droit et la cause la plus juste et la plus chère à la France.

Est-ce à dire que le socialisme ne compte pas et qu'on peut dédaigner la doctrine qui fait, de l'organisation du travail, la loi fondamentale des sociétés ?

Non, sans doute, et ce droit du travail est si bien reconnu, si éclatant, qu'on peut aussi en dire : Le droit du travail est comme le soleil ; aveugle qui ne le voit pas !

Comment en douter, quand nous voyons dans toute l'Europe les travailleurs s'unir, s'organiser, se cotiser, publier des journaux, des revues, pour hâter la propagande de leurs idées émancipatrices? Comment repousser des revendications qui se formulent de tous côtés dans des congrès nationaux et internationaux, qui se tiennent en Allemagne, en Angleterre, en France, en Suisse et en Belgique? Comment ne pas reconnaître la puissance et le triomphe inévitable et prochain d'une idée que l'*Internationale* fait pénétrer partout et qui va comme le cercle sur l'eau, toujours s'élargissant? La Russie elle-même trouve à sa base le socialisme militant, et nous venons d'assister au spectacle d'un procès où les droits du travail ont été affirmés, proclamés, par des travailleurs, par des nobles, par des femmes !

Et c'est devant de tels faits que la conservation sociale essaie, comme l'autruche, d'échapper au danger qu'elle court en cachant sa tête sous son aile ! Et c'est en présence des associations ouvrières faisant entrer leurs membres dans les parlements d'Allemagne et d'Angleterre, c'est au milieu d'une société où l'on ne peut faire un pas sans se heurter à une question sociale, que Gambetta vient nier le socialisme ! En vérité, l'on se demande si le même aveuglement ne vient pas fermer les yeux de tous ceux qui sont condamnés à périr. Il n'y a aujourd'hui de stable que ce qui est fondé sur la justice, et voilà pourquoi la politique conservatrice n'a aucun sens, parce qu'elle ne défend qu'une organisation qui tombe de décrépitude. Et voilà pourquoi aussi l'Europe chancelle sur ses bases, parce que les institutions conservatrices, partout les mêmes, ne peuvent résister au choc des idées socialistes. N'est-ce pas le cas de répéter à ces conservateurs qui n'ont que des phrases, le mot de de Maistre : *Vous voulez bâtir et le sol tremble!*

Mais, dira-t-on, quel est donc le programme du socialisme? Si les conservateurs sont impuissants, les socialistes ne sont-ils pas divisés?

Divisés! Voilà le grand mot lâché! On s'imagine avoir désarçonné le socialisme, parce que ses partisans ne professent pas en tout et pour tout les mêmes doctrines? Comme si l'histoire procédait par accords parfaits! Comme si les transformations sociales se résolvaient comme un problème d'algèbre. Prenez le christianisme, qui passe pour l'arche sacro-sainte de la conservation sociale, et, à première vue, vous verrez que, même à son berceau, il fut entouré de schismes et d'hérésies, tant il est vrai qu'ou ne pouvait trouver trois prêtres partageant sur le Christ et les évangiles la même manière de voir !

Le socialisme se divisait en deux grands partis : le premier, auquel j'appartiens et que l'on pourrait appeler le socialisme libéral, et le socialisme qui penche plus ou moins ouvertement vers l'idée d'une organisation absolue, et que l'on pourrait appeler le socialisme communautaire. Si l'on veut pénétrer plus avant dans l'examen de ces deux doctrines bien distinctes, les ouvrages ne manquent pas.

La lutte entre ces deux idées est des plus ardentes. Dernièrement, à Lausanne, dans une réunion des membres de l'*Internationale*, la lecture de l'avant-propos de ce livre provoquait précisément une discussion dont je ne puis exposer ici tous les développements ; mais, pour montrer à mes lecteurs l'esprit qui anime ces deux grandes divisions du socialisme, je termine ce chapitre par la réponse que j'ai envoyée à un journal de Lausanne, et qui marque les points saillants qui caractérisent les deux partis :

« Citoyens,

» Je vous dois une réponse pour l'accueil fraternel que vous avez fait à la lecture de la préface du livre que je vais écrire sur la Commune ; fraternel, par l'amitié que vous avez bien voulu témoigner pour votre vieux compagnon de combat et d'infortune ; fraternel, aussi, par la discussion que vous avez ouverte au sujet des idées que je mets en avant pour résoudre les problèmes de l'avenir. S'il est un point d'honneur auquel nous tenons par-dessus tout, nous autres socialistes, c'est celui qui nous porte à exposer librement, en pleine indépendance, au grand jour, les solutions que nous considérons comme vraies et qui nous apparaissent comme les bases du nouveau contrat qui unira plus tard les travailleurs. Laissons au vieux monde son pape infaillible, ses gouvernements oppresseurs et ses classes dirigeantes. L'ère nouvelle, dont nous sommes l'avant-garde, ne doit pas être la continuation de l'absolutisme du temps passé, sous peine de continuer les mêmes tyrannies et les mêmes servitudes. Elle doit être celle de la recherche, de l'examen, du libre assentiment des esprits, du jugement équitable et approfondi des institutions qui doivent constituer les sociétés futures.

» A ce point de vue, j'ai le droit de dire que je me tiens dans la ligne droite de l'*Internationale*, qui *discute* sans imposer aucun joug, qui *cherche* sans enchaîner les esprits. Je vais plus loin, et je dis que j'ai sur les adversaires qui me critiquent un avantage que vous ne pouvez contester. Je dis, moi, ouvertement, à haute voix, ce que je pro-

pose et ce que je demande, tandis que mes critiques, tout
en respectant *ma situation, ma sincérité, ma franchise,
et l'attachement que je témoigne pour la cause des travailleurs*, se contentent de faire entendre qu'en fin de compte
je ne suis qu'un retardataire accroché aux débris de l'ancien monde, et que mes idées et mes solutions me placent
dans les traînards du grand parti révolutionnaire.

« Frappe, mais écoute ! » vous dirai-je, comme un ancien. Il est temps de voir enfin, à fond, ce qu'il y a sous
ces mots : « *Révolution, parti révolutionnaire* », qui pla-
nent comme de gros nuages sur l'avenir. Il est temps de
les crever, ces nuages, et tant pis pour ceux qui recevront
l'averse contenue dans leurs flancs.

» Etablissons donc les points qui nous unissent et les
points qui nous divisent.

» Je crois, comme nous tous, socialistes, que la société
actuelle est absolument écrasée sous le poids d'institutions
politiques, civiles, judiciaires, administratives, communales, industrielles, qui pèsent sur elle comme la carapace
sur la tortue, ce qui l'empêche de faire un pas. L'exemple
de la République en France le démontre surabondamment.
Cette profanation du mot de République à cette montagne
d'entraves monarchiques produit l'effet d'un moteur perfec-
tionné chargé de faire mouvoir le mont Blanc.

» Je crois que l'oppression des consciences est représentée
par une institution que le vieux monde traîne toujours
comme un boulet et que nous regardons tous comme le
plus grand obstacle à l'émancipation de l'homme et des sociétés. Qui dit cléricalisme dit anéantissement de la liberté
humaine et son asservissement à un pouvoir qui ne rêve
que le retour des plus honteuses servitudes. C'est encore, à
l'heure qu'il est, le joug le plus fortement noué que nous

ayons à faire disparaître de notre siècle, si nous voulons
inaugurer une nouvelle organisation vraiment libre.

» Je crois enfin, question capitale, que les deux termes
fondamentaux de l'organisation sociale actuelle, le capital
et le travail, sont appliqués de telle sorte, que le travail
est la victime du capital et que le problème le plus considérable de la Révolution qui se prépare sera la réalisation
du principe, si clairement et si énergiquement posé par
Proudhon : « Qu'est-ce que le travail ? Rien ! Que doit-il
être ? Tout ! »

» Sur tous ces points nous sommes d'accord. Mais en matière de révolution sociale, aussi, l'on peut dire que si la
critique est aisée, l'art est difficile. Unis pour faire table
rase des iniquités du passé, nous sommes divisés, dès que
nous abordons la question des voies et moyens et que nous
discutons le système à suivre pour atteindre le but.

» Ce but, vous avez raison de le dire, doit s'appliquer à
tout et à tous. Il doit être un rendez-vous universel où les
travailleurs des campagnes se trouveront unis aux travailleurs des villes. Rien de plus logique, de plus juste, et
pour cette question encore nous nous trouvons unis ; et
pour mon compte personnel, je puis rappeler ici qu'au
conseil général du département du Morbihan, en 1848, j'ai
fait, comme membre de ce Conseil, une proposition qui fut
approuvée par le Conseil général, à l'unanimité, et ren-
voyée au ministère de l'intérieur, comme apportant une
réforme absolument juste et vraie, absolument praticable
et acceptable pour tous les intéressés dans le renouvelle-
ment des baux. Comment finit le bail d'une ferme aujour-
d'hui ? Le propriétaire, après un bail de neuf ans ou douze
ans, profite des améliorations produites par le travail du
fermier pour augmenter son fermage, et le fermier s'en va,

indigné de voir qu'on abuse ainsi de la plus-value créée
par son labeur, sans lui laisser le temps d'en profiter.
A cette situation profondément inique, je proposais une solution juste et rationnelle, qui fut approuvée, comme je
viens de le dire, par l'unanimité du Conseil général, dont
faisaient partie MM. de La Monneraye, sénateur actuel du
Morbihan, et le général Trochu, alors lieutenant-colonel.
Dans les conditions que je proposais, le fermier renouvelle
son bail avec satisfaction, et le travail agricole continue
avec ce double stimulant d'une plus-value nouvelle et d'un
accroissement dans la production générale. Voici quelle
était la proposition que je présentais : A l'expiration du
bail, le propriétaire et le fermier se mettent d'accord sur
le prix du nouveau bail, par l'effet de l'offre et de la demande, et le prix ainsi fixé est déclaré à l'enregistrement
sans intermédiaire de notaire, etc.; la moitié de la plus-
value de la propriété obtenue par le travail du fermier
pendant son bail est attribuée au propriétaire, et l'autre
moitié au fermier, qui trouve dans ce règlement un stimulant pour mieux faire encore à l'avenir. Les trois intéressés dans la question trouvent ainsi leur compte. Le propriétaire voit augmenter le prix de son bien; le fermier
gagne de deux façons : par le rendement plus élevé qu'ob-
tient son travail et par l'estimation de la plus-value dont la
moitié lui appartient; enfin le pays voit aussi s'accroître la
richesse générale par l'accroissement des productions diverses.

» Ce souvenir est assez précis, assez caractéristique, pour
prouver que, bien longtemps peut-être avant ceux qui me
critiquent aujourd'hui, j'ai embrassé, dans son ensemble,
la vaste conception de la transformation du travail sous
toutes ses formes.

» Ceci m'amène précisément au point vif de la question.

» Vous dites : « L'alliance du travail et du capital n'est
» pas plus possible à espérer que la réconciliation du tra-
» vailleur avec la bourgeoisie. — Il n'y a aucune alliance
» possible entre ceux qui ne produisent rien et détiennent
» ce qui ne leur appartient pas, et ceux qui travaillent
» sans pouvoir jamais s'appartenir eux-mêmes. »

» Déchirons les voiles, et mettons les points sur les *i*, en
allant politiquement et socialement au bout des conséquences que font surgir les propositions contenues dans le discours du citoyen Joukowsky.

» Politiquement, c'est la perpétuité de ce système que
Danton, en 93, caractérisait d'un mot bien connu : « *La li-*
» *berté, imbécile, c'est eux dessous et nous dessus!* » Cette
guerre sociale, qui mettait aux prises l'aristocratie et la bourgeoisie soutenue par le peuple, et qui a fini par le triomphe de la bourgeoisie, cette guerre doit-elle se continuer
et surtout doit-elle se perpétuer entre le capital et le travail, la bourgeoisie et le peuple? En d'autres termes, de-
vons-nous aller indéfiniment de l'insurrection de Lyon aux
journées de juin 1848, et des journées de juin à la Révolution du 18 mars? Non, mille fois non. Une pareille conception n'est conciliable ni avec la nature humaine, ni avec le
passé de la Révolution, ni avec les éléments que nous avons
à l'état d'antagonisme et qu'il s'agit d'unifier. Autant décréter que l'antagonisme durera jusqu'à ce que la bourgeoisie ait dévoré le peuple, ou que le peuple ait dévoré la
bourgeoisie. Je dis, moi, qu'aucun des deux éléments n'ab-
sorbera l'autre, et que nous devons, dès lors, travailler à
les souder indissolublement ensemble. Est-ce que la bourgeoisie a fait périr tous les éléments aristocratiques du
vieux monde? En aucune manière, mais socialement, la

loi à la main, on peut dire que l'aristocratie n'existe plus,
puisque toute la puissance de ses priviléges s'annihile devant le code civil. Trouver une loi nouvelle, trouver un
nouveau contrat entre le travail et le capital, voilà donc
manifestement et de toute évidence la solution du problème
et la voie à suivre.

» Pour vous, cette solution n'existe que dans l'expropriation collective et la négation de l'élément qui détient injustement le produit du travail. Tranchons le mot et appelons
les choses par leur nom. Moi, j'ai le courage de mon opinion et mes adversaires doivent avoir le courage de la leur.
L'alternative ne laisse prise à aucune ambiguité. Si vous
supprimez la classe capitaliste, si vous niez la propriété individuelle, si vous ne reconnaissez que le travail, vous abou-
tissez forcément, fatalement, au communisme.

» Or, je voudrais en quelque sorte doubler mes forces pour
crier par dessus les toits que le communisme est fonda-
mentablement irréalisable, comme organisation sociale. Depuis quatre mille ans que l'humanité s'étudie à tenter des
conceptions sociales, il n'est pas un peuple qui nous ait
encore présenté un système de communisme généralement
et régulièrement appliqué. De nos jours, les essais, aussi
infructueux que chimériques, que nous avons vu essayer,
n'ont fait que démontrer, par des arguments sans réplique,
l'impossibilité pratique que je constate dans l'histoire et
dans la vie des sociétés. Le communisme n'a jamais existé
dans le passé et rien ne le montre possible dans le présent.
Je l'ai dit dans mes *Souvenirs* et je le répète ici : le communisme n'est réalisable que dans le système des communautés religieuses, où il ne représente que l'abrutissement
et la servitude complète, absolue, de l'individu, au profit
de la communauté.

» Vous avez beau tourner et retourner le problème, il se représentera toujours à vous avec ses deux termes : 1° Le capital qui représente le travail accumulé, c'est-à-dire la propriété; 2° Le travail journalier, qui n'est autre que le capital en voie de formation. Et ceci posé d'une manière irréfragable, vous arriverez à cette conséquence qui s'imposera forcément à votre esprit : La politique d'*évolutions* qui doit fermer la politique des *révolutions*. »

Il résulte incontestablement des faits que je viens de rappeler, que l'esprit de secte est resté complétement étranger aux actes de la Commune. Ses représentants étaient sans doute socialistes; mais leur objectif était Versailles, et les discussions de doctrines eussent été pour elle aussi absurdes que les discussions des philosophes du Bas-Empire sur le *vert et le bleu,* pendant que l'ennemi frappait aux portes de Constantinople. Mais comme le socialisme compose le fond du programme du quatrième Etat, il est bon de montrer quels sont les grands courants des idées socialistes, pour que tout le monde puisse se rendre compte des transformations qui germent dans les bouillonnements de la société européenne.

Il importe donc d'insister, car, en voyant tout ce qui se passe, en entendant les affirmations multiples qui se produisent autour de moi, il faut bien reconnaître que le communisme continue à séduire les imaginations autant et plus que par le passé et qu'il représente en réalité l'école de l'avenir.

Suivons donc nos adversaires sur leur terrain de prédilection et abordons la question sous ses deux faces, la théorie et la pratique.

En principe, rien de séduisant comme le communisme. Il charme les imaginations au nom de l'absolu et arrive à organiser une société comme on construit une machine, avec un fonctionnement régulier et parfait. C'est à vrai dire une géométrie, une mécanique sociale, et les droits et les devoirs de l'homme et des institutions se déduisent et se calculent comme deux et deux font quatre.

Ce mirage du communisme est d'autant plus attrayant, qu'il donne à première vue pleine et entière satisfaction à ce profond' appel de la conscience humaine qui plaide si impérieusement en faveur de l'égalité des hommes devant la nature et devant la société.

Aussi cette attraction du système s'est-elle produite dans tous les temps, et Platon, dans son livre des *Lois*, n'a pas hésité à dire : — « Quelque part que cela se réalise et doive » se réaliser, il importe que les richesses soient communes » entre les citoyens et que l'on apporte le plus grand soin » à retrancher du commerce de la vie jusqu'au nom de » propriété. » Impossible, comme on le voit, de se montrer plus tranchant. Tous les biens en commun et tous les hommes égaux pour les partager ! Quel rêve !

Malheureusement, ce n'est qu'un rêve, et dès qu'on arrive à vouloir faire marcher cette statue admirable d'une société fondée sur la communauté des biens, elle fond au contact de la réalité et ne peut résister à la pratique de la vie de chaque jour. La conception du système est enivrante ; mais l'enfant qui naît de cette conception n'est jamais viable. Et cela se comprend. Le communisme n'est possible et réalisable, en effet, qu'au moyen d'une réglementation générale, complète, absolue, de tous les actes de l'homme, et par conséquent au moyen d'une destruction pleine et entière du principe de liberté. Qui dit communisme, dit

anéantissement de la liberté humaine, et la chimère du ni-
vellement de toutes choses vient immédiatement se heurter
et se briser contre un principe éternel qui naît avec
l'homme et qui ne meurt qu'avec lui. On ne contestera pas
sans doute que l'homme naît libre, et qu'il a besoin de liberté, pour son corps, comme pour son esprit. Cela est si
vrai, que la privation de liberté est une cause de dépérisse-
ment pour l'individu comme pour les sociétés. Vouloir
comprimer cette liberté, la discipliner par une réglementation forcée, l'étendre en un mot sur un lit de Procuste, sur
lequel elle sera toujours ou trop courte ou trop longue,
c'est donc aller contre l'essence même de notre être et de
nos aspirations.

On ne gouverne l'homme et les sociétés qu'en tenant
compte des principes qui constituent son être, et le premier
de ces principes est incontestablement le principe de liberté, principe invincible et impérissable, et que les tyrannies du monde n'ont jamais pu détruire. L'histoire des revendications de la démocratie est précisément l'histoire des
revendications de cette liberté. C'est parce que cette émancipation s'affirme dans notre siècle par une somme de libertés importantes, que la démocratie est aujourd'hui possible, et c'est à l'heure où nous nous glorifions d'avoir
rompu les servitudes du passé, servitudes de la pensée,
servitudes de la conscience, servitudes du travail, que nous
reprendrions un autre joug plus absolu que tous les autres,
puisque le communisme ne peut fonctionner que par l'absorption de toutes les forces de l'individu.

En vérité, il suffit d'énoncer un pareil programme pour
demeurer convaincu qu'il n'est pas applicable à la nature
humaine. On peut en douter, quand on voit que toute organisation, même celle qui se fonde sur la liberté, pèse à

l'homme comme un fardeau, le gêne comme un frein, et qu'il fait ses efforts pour s'en affranchir le plus qu'il peut. Toute institution sociale qui accapare entièrement l'homme est pour lui un objet d'horreur. Voyez l'institution des armées! Que sera ce, quand la société toute entière devra fonctionner comme une mécanique industrielle! Ce régime équivaudra au régime le plus violent que la compression du passé ait jamais imposé aux peuples, car on m'accordera bien que tous les membres d'une société ne sont pas communistes, pas plus qu'ils ne sont tous monarchistes, et l'application du système ne fera par conséquent qu'imposer la camisole de force à la moitié du corps social.

On voit qu'en la poussant dans ses derniers retranchements, l'idée ne tient pas debout. Non, ce n'est pas en vain que le cri de liberté s'échappe de tous les temps, de tous les siècles. La liberté est l'aspiration première des hommes et elle reste la première aussi des sociétés. Ce n'est pas pour se claquemurer, par une dernière abdication, dans les alvéoles de la ruche communautaire, que l'homme a usé son passé à briser le joug du césarisme et des théocraties. Si les peuples martyrs ont versé leur sang pour conquérir la liberté, c'est que la liberté est leur premier besoin. Plus les peuples sont libres, plus ils sont grands; plus ils sont comprimés, plus ils dégénèrent. Voilà la loi universelle, et les rêves qui consistent à chercher le paradis terrestre ou le jardin des Hespérides ne peuvent rien contre ce principe fondamental de la vie sociale.

***

Si, de la théorie, nous passons à la pratique, nous voyons que les faits n'ont jamais servi pour le communisme qu'à justifier le point de vue que je viens d'exposer. Il est certain que si le communisme était une forme sociale indispensable, facile, possible, acceptable, en un mot pratique et réalisable, il est certain, disons-nous, qu'avec cette chimère dorée qu'ont faite tous les utopistes, qu'ont défendue les philosophes, qu'ont prêchée les pères de l'Eglise, le système ne serait plus à l'état de tentative à faire, mais qu'il serait depuis longtemps à l'état de réalité vivante.

Or, si l'on parcoure les champs de l'histoire, il faut bien convenir qu'on ne trouve nulle part aucune société ayant pratiqué les principes du communisme et produit le miracle de félicité parfaite que des socialistes attachent à cette idée. Si cet Eden s'était produit quelque part, nous n'en serions plus à discuter les applications du socialisme; l'humanité, depuis longtemps convertie par l'exemple de ces enchantements, ne serait plus qu'un immense Eldorado.

Mais il s'en faut qu'il en soit ainsi. Il n'y a pas eu jusqu'à présent de société conduite par le communisme, et l'expérience du passé permet d'affirmer qu'il n'y en aura jamais. On ne présentera pas sans doute la guerre des Anabaptistes et la folie de Jean de Leyde à Munster comme expérience présentable, et les autres tentatives de moindre importance n'ont également aucune valeur comme démonstration sociale.

Si, du passé, nous arrivons à notre temps, on conviendra que, depuis le *Manifeste des Egaux* de Babœuf jusqu'aux écoles du Saint-Simonisme, du Fouriérisme, des Icariens de Robert Owen, nous avons plutôt assisté à des discussions qu'à des expériences, et les tentatives, abordées avec une entière bonne foi aux Etats-Unis par MM. Victor Considerant et Cabet, ne sont pas de nature à donner beaucoup de force et d'autorité aux théories que nous combattons.

On peut donc affirmer que l'expérience n'a pas été faite et qu'elle reste encore à faire. On en est ainsi réduit à se rejeter sur l'exemple toujours triomphant des communautés religieuses.

Mais, ainsi que nous l'avons dit précédemment, l'argument des communautés religieuses n'est pas applicable au communisme comme doctrine sociale. La communauté religieuse proscrit la famille, et à l'individu qu'elle enrégimente elle commence par ne rien donner que le nécessaire, en lui demandant au profit de la communauté tout ce qu'il peut produire. Le membre de la communauté n'est donc plus qu'une machine obéissante, — *perinde ac cadaver*, — et livrant pour la maison où il s'est enterré son maximum de force et de production.

Tout autre doit être la communauté sociale. Non-seulement les membres de la communauté ont une famille, mais cette famille aspire à un idéal de bien-être bien supérieur à celui qui a été réalisé jusqu'à présent. C'est même, on en conviendra, pour réaliser cet idéal de bien-être que le communisme est proposé, et, ce principe étant posé, il est clair que non-seulement la famille, au lieu de produire un sur-croît de richesse, demandera que la communauté vienne à son secours et satisfasse à ses exigences; car le plus énergique stimulant de la production, la possession individuelle, n'existera plus et la communauté sera soumise à cette terrible épreuve : donner le *maximum* quand elle ne recevra que le *minimum*, d'où surgira une impossibilité absolue de marcher.

Donc, considéré à tous les points de vue, du côté de la théorie comme du côté de la pratique, le communisme ne résiste pas à un examen sérieux. Il est contraire à la libre expansion de l'homme; il est contraire à toutes les manifestations sociales; il n'a pour lui la sanction d'aucune expérience dans l'histoire, et le socialisme ne pourra réaliser son programme qu'en faisant appel aux réformes fondées sur la liberté.

CHAPITRE IX.

Ma plume tremble de l'indignation qui me saisit au spectacle des iniquités que j'ai vu commettre et qui paraissent devoir se perpétuer dans ce monde qui se targue de posséder les classes dirigeantes. La Commune en est toujours dans ses sphères officielles à jouer le rôle d'épouvantail qu'on fait grimacer, en ajoutant comme tableau final le massacre des ôtages!

Les ôtages! ce mot dit tout; après l'avoir prononcé, il n'y a plus qu'à se voiler la face. Essayez auprès de cette bourgeoisie récalcitrante de parler de la Commune en termes sérieux, et ces hommes, plus durs que le destin, ne manqueront pas de vous arrêter au premier mot, en s'écriant : Et les ôtages?

N'allez pas leur dire que si l'on discute la Saint-Barthélemy et l'Inquisition, on peut bien discuter la question des ôtages; ne tentez pas de leur faire observer qu'en bonne conscience et en bonne justice, il serait équitable de compter les fusillades de Versailles, après avoir compté les fusillades de la Commune ; enfin, ne vous risquez pas à leur faire remarquer que la question des ôtages de la Commune ne représente qu'une paille dans son œil, tandis que les fusillades des Versaillais représentent une poutre dans le leur ; on vous traiterait de communard, d'anthropophage, et l'on vous fusillerait vous-même sans pitié. Il est clair qu'à l'heure qu'il est, le monde officiel en est encore à répéter les inepties horribles que la presse réactionnaire publiait le lendemain de la chute de la Commune, et qui consistaient à redire de mille manières ce thème homicide : On ne discute pas avec l'ivraie, on la fauche !

Oui, telle est encore l'impression générale, et nous en avons la preuve dans le travail que M. Maxime Ducamp publie dans la *Revue des Deux-Mondes.* Il est impossible de montrer plus de mauvaise foi, plus de perfidie. Il serait d'ailleurs naïf de s'attendre à un sentiment de justice de la part de l'écrivain qui représente le dernier sénateur nommé par l'Empire. On sait, en effet, que Maxime Ducamp faisait partie de la dernière fournée de sénateurs préparée par l'Empire au mois d'août et que ces derniers adulateurs du cénacle impérial ne purent y entrer, parce que les désastres de Reichshoffen et de Sedan firent crouler sur eux l'édifice vermoulu du Deux-Décembre. L'auteur des articles publiés par la *Revue des Deux-Mondes* appartient naturellement à l'école des historiens qui se tournent invariablement vers le pouvoir, sans jamais voir aucune tache dans ce soleil. Ces Suétones d'une société en décomposition, pour se transformer, ont l'invariable habitude de se trouver du côté du manche. Lisez ces études, en apparence composées avec de consciencieuses recherches, et vous verrez que, du côté de la Commune, tout est horrible, tout est immonde, tout est criminel ; tandis que, du côté du gouvernement, tout est juste, tout est irréprochable. C'est le monde du gouvernement et de la loi.

Il serait temps de faire justice de ces trompe-l'œil, qui faussent le jugement en mentant effrontément dans le récit de toutes les crises sociales. C'est ainsi qu'on étale avec horreur le spectacle des victimes immolées par des compagnies de fédérés sans aucun mandat, et qu'on passe sous silence la montagne de cadavres amoncelés par les Versaillais vainqueurs, sans commandement et sans nécessité. C'est ainsi qu'au Deux Décembre on se tourne avec complaisance vers le César qui se lève, et qu'on jette un voile sur les quarante mille familles persécutées, emprisonnées, ruinées, fusillées. C'est ainsi qu'en rappelant la grande Révolution, on se tourne avec des larmes hypocrites vers les prisons en disant que la Révolution, c'était la guillotine en permanence, et l'on arrive ainsi à calomnier la plus grande révolution du monde ! ! !

Puisque ces thuriféraires des gouvernements ne savent que travestir l'histoire, montrons, en déchirant les voiles, comment doit être posée et résolue cette question des ôtages, et nos lecteurs verront de quel côté se trouvent les abominations commises dans ces déchirements de la grande bataille des huit jours.

Comment doit donc se poser cette question que l'on ne fait si redoutable que pour détourner l'attention des atrocités que l'on a commises du côté des Versaillais ?

Il n'y a qu'un moyen de faire la lumière pleine et entière sur ces tragédies, si l'on veut arriver à les juger avec impartialité. C'est de dire ouvertement ce qui a été fait, d'un côté comme de l'autre, et de laisser l'opinion juge des appréciations qui doivent être portées sur les agissements de Paris et les agissements de Versailles.

C'est précisément ce que nous allons faire, et nos lecteurs verront que la Commune n'a rien à redouter du parallèle que l'on nous force d'établir entre elle et le gouvernement de M. Thiers.

La Commune a publié un décret sur les otages. Le décret est du 5 avril et nous le donnons ici intégralement, pour que le lecteur sache qu'il n'a jamais été complétement appliqué.

La Commune de Paris,

Considérant que le gouvernement de Versailles foule ouvertement aux pieds les droits de l'humanité comme ceux de la guerre; qu'il s'est rendu coupable d'horreurs dont ne se sont même pas souillés les envahisseurs du sol français;

Considérant que les représentants de la Commune de Paris ont le devoir impérieux de défendre l'honneur et la vie des deux millions d'habitants qui ont remis entre leurs mains le soin de leurs destinées; qu'il importe de prendre sur l'heure toutes les mesures nécessitées par la situation;

Considérant que des hommes politiques et des magistrats de la cité doivent concilier le salut commun avec le respect des libertés publiques,

Décrète :

Art. 1er. Toute personne prévenue de complicité avec le gouvernement de Versailles sera immédiatement décrétée d'accusation et incarcérée.

Art. 2. *Un jury d'accusation* sera institué dans les *vingt-quatre heures* pour connaître des crimes qui lui seront déférés.

Art. 3. Le jury *statuera dans les quarante-huit heures*.

Art. 4. Tous accusés retenus par le verdict du jury d'accusation seront *les ôtages* du peuple de Paris.

Art. 5. Toute exécution d'un prisonnier de guerre ou d'un partisan du gouvernement régulier de la Commune de Paris sera, sur-le-champ, suivie de l'exécution d'un *nombre triple des ôtages retenus* en vertu de l'article 4, et qui seront désignés par le sort.

Tout prisonnier de guerre sera traduit devant un jury d'accusation, qui décidera s'il sera *immédiatement remis en liberté ou retenu comme ôtage.*

Toujours généreux et juste, même dans sa colère, le peuple abhorre le sang comme il abhorre la guerre civile; mais il a le devoir de se protéger contre les attentats sauvages de ses ennemis, et, quoi qu'il lui en coûte, il rendra œil pour œil et dent pour dent.

Paris, le 5 avril 1871.

La Commune de Paris.

Voilà le décret dans toute sa portée, et, conformément à cette mesure, il y eut un certain nombre de personnes emprisonnées et retenues comme ôtages. Mais avant d'aborder la question que soulève la conduite tenue par la Commune à l'égard de ces ôtages, il importe de bien observer, en premier lieu, les causes du décret que je viens de transcrire intégralement.

Les indignes traitements que l'armée et les gendarmes faisaient subir aux fédérés étaient parfaitement connus de Versailles. Des témoignages incontestés venaient tous les jours apprendre à l'Hôtel-de-Ville que les prisonniers étaient reçus à Versailles d'une manière révoltante. Ils étaient frappés sans pitié et entassés dans des caves sans paille, sans air et sans lumière. Ces informations se multipliaient au fur et à mesure que les événement devenaient pressants.

Le 5 avril, un citoyen nommé Barrère vint, à la suite d'un voyage à Versailles, faire une déposition émouvante à l'Hôtel-de-Ville. Voici cette déclaration, et la date mérite d'être remarquée : c'est le 5 avril, c'est-à-dire au commencement de la Révolution : « J'arrive de Versailles et j'atteste » les abominables traitements dont les fédérés sont victimes » de la part de l'armée, des gendarmes et de la population. » J'en ai vu sanglants, les oreilles arrachées, le visage et le » cou déchirés par des griffes de bêtes féroces. J'ai vu le » colonel Henry en cet état, et je dois ajouter à son honneur, à sa gloire, que, méprisant cette bande de barbares, il est passé fier, calme, marchant stoïquement à la » mort.

» Une cour prévôtale fonctionne sous les regards du gouvernement. C'est dire que la mort fauche nos concitoyens » faits prisonniers. Les caves où on les jette sont d'affreux » bouges, confiés aux bons soins des gendarmes.

» J'ai cru de mon devoir de bon citoyen de vous faire » part de ces cruautés, dont le souvenir seul provoquera » encore longtemps mon indignation.

» BARRÈRE. »

Je certifie que la présente déclaration a été faite devant moi.

LEROUX,
Commandant du 84ᵉ bataillon
de la garde nationale.

Au début du conflit, voilà comment se conduisait Versailles, et pour montrer le pendant du parallèle, voici comment se conduisait la Commune dans la dernière période de

la lutte, c'est-à-dire le 12 mai, au milieu de l'embrasement
qui faisait déjà à Paris une ceinture de feu. Le 12 mai, à la
barrière du Petit-Vanvre, un officier du génie de la division
Lacretelle, 2ᵉ corps, le capitaine Rhozeim fut fait prisonnier. Amené devant le commandant de tranchée, il dit :
« Je sais ce qui m'attend ; fusillez-moi ! » Le commandant
haussa les épaules et conduisit le prisonnier à Delescluze.

« Capitaine, dit le délégué, promettez-moi de ne pas
» combattre la Commune et vous êtes libre ! » L'officier
promit et, profondément ému, il demanda à Delescluze la
permission de lui serrer la main, et le capitaine eut la vie
sauve et la liberté de partir.

Ce n'est là qu'un fait entre mille, et le citoyen Lissagaray,
qui le raconte, a raison d'ajouter que, du 3 avril au 23 mai,
les fédérés n'ont pas fusillé un seul prisonnier, officier ou
soldat. Non, pas un seul, et c'est là précisément l'argument
capital que nous soumettons à tous les hommes de bonne
foi qui veulent s'édifier sur le fond des choses !

La Commune avait bien promulgué *un décret*, mais ce
décret ne fut qu'une menace que le gouvernement de l'Hôtel-de-Ville n'a jamais fait exécuter. Non, jamais ! les deux
mois de ce gouvernement n'ont entendu prononcer aucune
condamnation à mort. Les ôtages emprisonnés furent traités avec convenance ; ils purent recevoir des livres, des
journaux, et nous allons voir que non-seulement la Commune respectait leur vie, mais ne demandait pas mieux que
de les renvoyer en liberté à Versailles.

Les préliminaires de la question des ôtages se résument
donc par les deux faits suivants :

1º Dès le commencement de la lutte, les combattants de
Versailles maltraitaient et fusillaient les fédérés, témoin les
exécutions de Duval et de Henry.

2° La Commune fit emprisonner des ôtages, mais sans jamais ordonner une exécution et sans jamais autoriser les bataillons à user de représailles, même au plus fort de la résistance. Le fait que nous venons de citer de Delescluze prouve que, du côté de Paris, le cœur resta toujours à la hauteur de la raison.

Allons plus loin !

Non-seulement la Commune ne songeait pas à faire fusiller, mais elle ne demandait pas mieux que d'échanger ses prisonniers et d'épargner ainsi la vie de ses ennemis les plus acharnés. Au point de vue de ce respect de la vie qui doit rester inviolable, Versailles montrait un sans-gêne révoltant.

Tout le monde sait aujourd'hui la réponse de Barthélemy-St-Hilaire, secrétaire de M. Thiers, à Barral de Montaut, qui lui parlait de l'éventualité de nouvelles journées de septembre dans les prisons, et nous devons ajouter que le témoignage de Barral de Montaut ne doit pas être suspect, car le récit qu'il a publié dans l'*Opinion nationale* prouve qu'il n'a servi la Commune qu'en qualité d'agent bonapartiste. Eh bien ! devant ce point noir d'un massacre dans les prisons, que répond Barthélemy-St-Hilaire : « Les ôtages ! les ôtages ! mais nous n'y pouvons rien ! Tant pis pour eux ! »

Ce mot dit tout, et quand on entend de tels propos, on se demande de quelles cuirasses d'airain sont doublées les poitrines des hommes qui représentent le gouvernement, la justice et la loi ! Pendant que la Commune faisait respecter ses prisonniers, le pouvoir de M. Thiers les abandonnait à leur triste sort. « Tant pis pour eux ! »

Autre fait plus concluant :

On a aujourd'hui tous les témoignages nécessaires pour savoir d'une manière incontestable les plus minutieux incidents d'une négociation importante entamée en vue d'échanger les plus notables ôtages de la Commune, l'archevêque Darboy, l'abbé Deguerry, Bonjean, Lagarde, vicaire-général, contre un seul homme, Blanqui. J'ajoute que si la Commune avait vu le gouvernement de Versailles discuter la proposition, elle n'aurait pas hésité à les donner tous en échange de la liberté du grand citoyen que réclamait l'Hôtel-de-Ville.

Le personnage qui fut choisi pour entreprendre la négociation fut le vicaire-général, l'abbé Lagarde, qui joua, dans cette démarche, le rôle le plus indigne. Lissagaray a eu raison de consigner dans son livre cet éclatant témoignage, si éloquent pour la Commune, si écrasant contre le gouvernement de M. Thiers.

« Cette négociation a été racontée en partie dans l'*Officiel* de la Commune. Nous ajoutons d'autres détails. Peu après son arrestation, l'archevêque écrivit à M. Thiers, le suppliant d'arrêter les exécutions des prisonniers d'où dépendait la vie des ôtages. M. Thiers ne répondit pas. Un vieil ami de Blanqui, Flotte, alla proposer au président un échange, dit que l'archevêque pouvait courir des dangers. M. Thiers fit un geste très décidé : « Que m'importe ! » Flotte reprit la négociation par Darboy, qui désigna Deguerry pour aller à Versailles. La préfecture, ne voulant pas se dessaisir d'un tel ôtage, le vicaire-général Lagarde remplaça Deguerry. L'archevêque lui donna des instructions et, le 12 avril, Flotte conduisit Lagarde à la gare, lui fit jurer de revenir si sa mission échouait. Lagarde jura, dit : « Dussé-je être fusillé, je reviendrai... Pouvez-vous

» penser que je puisse, un seul instant, avoir l'idée de lais-
» ser Monseigneur seul ici ? » Au moment où le train allait
partir, Flotte dit encore : « Ne partez pas, si vous n'avez
» pas l'intention de revenir. » Le prêtre jura de nouveau.
Il partit et remit une lettre où l'archevêque sollicitait l'é-
change. M. Thiers, feignant d'ignorer celle-là, répondit à la
première qu'un journal de la Commune venait de publier.
Sa réponse est un de ses chefs-d'œuvre d'hypocrisie et de
mensonge. « Les faits sur lesquels vous appelez mon atten-
» tion sont absolument faux, et je suis véritablement sur-
» pris qu'un prélat aussi éclairé que vous, monseigneur...
» Jamais nos soldats n'ont fusillé les prisonniers, ni cher-
» ché à achever les blessés. Que, dans la chaleur du com-
» bat, ils aient usé de leurs armes contre les hommes qui
» assassinent leurs généraux, c'est possible ; mais, le com-
» bat terminé, ils rentrent dans la générosité du caractère
» national. Je repousse donc, monseigneur, la calomnie
» qu'on vous a fait entendre. J'affirme que jamais les sol-
» dats n'ont fusillé les prisonniers. » Le 17, Flotte recevait
une lettre où Lagarde annonçait que sa présence était encore indispensable à Versailles. Flotte vint se plaindre à
l'archevêque, qui, très inquiet, lui dit : « Il est impossible
» qu'il reste à Versailles, il reviendra ; il me l'a juré à moi-
» même. » Et il remit à Flotte un billet pour Lagarde. Lagarde répondit que M. Thiers le retenait. Le 23, Darboy
lui écrivit de nouveau : « Au reçu de cette lettre, M. La-
» garde voudra bien reprendre immédiatement le chemin
» de Paris et rentrer à Mazas. Ce retard nous compromet
» gravement et peut avoir les plus fâcheux résultats. » Lagarde ne répondit plus.

» Blanqui, transporté au fort du Taureau, fut rigoureusement tenu au secret. Ses amis songèrent à le délivrer, et

une somme de cinquante mille francs fut préparée pour
son évasion. Mais il aurait fallu bien davantage, et, avant
tout, des agents adroits, car la moindre imprudence devait
coûter la vie aux prisonniers. L'affaire traîna, et une partie des fonds était encore dans la caisse du Comité de salut
public lors de l'entrée des Versaillais. »

Il résulte de ce fait indéniable, où le gouvernement de
Versailles et le représentant des ôtages se conduisent si
honteusement, que la Commune, loin de chercher à fusiller ses prisonniers, ne demandait pas mieux que de les
échanger, et pour cette question, comme pour la question
politique, c'est M. Thiers qui n'a voulu consentir à rien.

Mais alors, dira-t-on, en l'absence d'ordre d'exécution
partant de la Commune, comment expliquez-vous la fusillade des victimes à la prison de la Roquette et de la rue
Haxo ?

Rien de plus simple. Ces exécutions ont été commises,
comme celles des généraux Clément Thomas et Lecomte,
comme celle de Gustave Chaudey, par des hommes qui ont
pris sur eux, soit par vengeance, soit par calcul, pour compromettre la Commune, cette responsabilité terrible. Il n'y
a place à aucune autre explication.

Le grand malheur de la Commune, que l'on se représente comme plus absolue que le Conseil des Dix, fut de
n'avoir pas une assez grande autorité sur les bataillons qui
la défendaient. C'est ainsi que je suis resté à la Banque
pour éviter les coups d'initiative inconsidérée que je pré-
voyais et qui se sont réalisés. C'est ainsi que le ministère
de la guerre ne put jamais arriver à une impulsion unique,
même avec la nomination d'un Comité de salut public.

Toute l'histoire de la Commune atteste cette indépendance
trop grande de la force armée, d'autant plus dangereuse
que les bataillons étaient poussés par des agents intéressés
à jeter de l'huile sur le feu et à mettre les choses au pire.
Cela est si vrai qu'à la fusillade de la rue Haxo un membre de la Commune fit les plus grands efforts pour arracher
ses victimes à la mort, et dut se retirer devant les violentes
manifestations de la compagnie qui tenait à exercer des représailles.

Quels pouvaient être ces hommes acharnés à la pour-
suite des prisonniers et résolus à faire de la Commune une
révolution sans pitié? Evidemment ces hommes étaient des
agents payés pour travailler à cette besogne ignoble et intéressés à perdre la Commune dans l'opinion. J'ai cité un
fait qui prouve que des repris de justice internés dans les
départements avaient reçu carte blanche pour entrer dans
Paris. Mais indépendamment de cette trouée ouverte aux
criminels, n'est-il pas certain que de nombreux agents bonapartistes s'étaient glissés partout, dans les bataillons,
dans les fonctions, dans les hauts grades de l'armée?

C'est aujourd'hui un point de cette histoire hors de toute
contestation, et pour qu'il n'y ait aucun doute à cet égard,
on me permettra de citer ici quelques noms. Ce Barral de
Montaut, qui avait su se donner un grade dans l'état-major,
était un agent de M. Thiers et il ne travaillait que pour ramener l'Empire. Un citoyen Michel Rabin, de la Marche,
qui était commissaire de police, a écrit depuis à M. Bauhy,
directeur de l'*Ordre*, des lettres dans lesquelles il confesse
qu'il n'a jamais eu en vue qu'une restauration impériale.
Jules Amigues, comme on le sait, et comme il s'en est
vanté, était en correspondance avec des fédérés du fort Gué-
lern, à qui il envoyait des journaux bonapartistes. Le co-

lonel Parent, dont plusieurs ordres d'incendies portaient la
signature, était connu comme un bonapartiste acharné. Le
sieur Museaux, ancien sous-officier aux cent-gardes, répond au juge d'instruction qui l'interroge : « J'aurais rendu
» le fort que je commandais, si on me l'avait demandé au
» nom de l'empereur. » D'ailleurs, les bonapartistes ne
sont-ils pas en conspiration permanente contre tous les gouvernements qui ne représentent pas l'Empire? Le fait est
établi péremptoirement par le rapport du préfet de police,
M. Léon Renault.

« L'armée, dit la déposition du préfet, est, sans contre-
» dit, le principal objectif du parti impérialiste. Il ne néglige
» rien pour entretenir ou réveiller dans ses rangs les sym-
» pathies en faveur du régime impérial. Il croit habile de
» compromettre, sinon par le langage qu'on leur tient, cer-
» tains officiers ou certains soldats. Il regarde comme une
» victoire la présence de quelques militaires à des réunions
» dont le caractère de manifestation politique se dissimule
» mal sous l'apparence de cérémonie pieuse. » Le préfet se
hâte d'ajouter « que le même embauchage a été essayé sur
» la gendarmerie républicaine. Un ancien capitaine de gen-
» darmerie, notamment, s'est mis à la recherche des hom-
» mes autrefois placés sous ses ordres, soit comme maré-
» chaux des logis, soit comme brigadiers, soit comme sim-
» ples gendarmes. Il s'est présenté à ces braves gens avec
» cette sorte de prestige qui s'attache à l'ancien comman-
» dement, » et a réussi à en gagner quelques-uns.

Et encore nous sommes loin d'avoir toutes les pièces qui
accusent ces conspirateurs; le préfet de police a dit dans sa
déposition : « Les recherches de la justice, déterminées par
» des faits spéciaux, n'ont point pénétré dans les archives
» réelles du parti, et, s'il faut en juger par l'émoi qu'elles

» ont causé dans le monde bonapartiste et à Chislehurst, il
» faut qu'il existe, en dehors des manœuvres que je vous
» ai décrites, des faits d'une gravité redoutable. » Et M. Léon
Renault raconte qu'à peine la nouvelle des perquisitions
faites à la fin de juin 1874 fut-elle arrivée en Angleterre,
qu'un avis envoyé de Chislehurst, avec les plus grandes
précautions, aux principaux agents bonapartistes en France,
les invita à prendre d'urgence leurs mesures et à mettre en
sûreté leur correspondance ayant trait aux intérêts du
parti : « M. le préfet de police affirme l'existence de cet
» avis, dont il a eu connaissance, et dont les termes lui ont
» prouvé qu'il y avait, au mois de juin 1874, des pièces
» que le parti bonapartiste *avait un puissant intérêt à*
» *soustraire à l'examen de la justice et de l'administra-*
» *tion.* »

Ces pièces soustraites, détruites peut-être, quelle lumière
elles auraient jeté, il n'y a pas à en douter, sur les rapports
des bonapartistes avec le mouvement de la Commune ?

Ainsi donc il résulte de ce qui précède :

1° Que les violences, les mauvais traitements, les fusillades, ont commencé par le gouvernement de Versailles,
puisque le décret de la Commune relatif aux ôtages n'a été
pris que comme représailles ;

2° Que le gouvernement de Versailles n'avait aucun souci
de l'existence des ôtages, puisqu'il a repoussé une proposition d'échange qui aurait livré les principaux ôtages de
Paris contre la liberté de Blanqui ;

3° Que le gouvernement de la Commune n'a fait exécuter
aucun ôtage pendant qu'il a tenu le pouvoir à l'Hôtel-de-
Ville, et que les fusillades qui ont eu lieu à la fin de la
lutte n'ont été exécutées que sur les ordres des chefs qui
n'avaient reçu aucun mandat de la Commune ;

4° Que, dans le tourbillon de la lutte, les bataillons et les compagnies ont dû subir l'influence dissolvante et pernicieuse d'agents bonapartistes intéressés à flétrir la Commune et à faire disparaître les individus qui pouvaient, comme Jecker, révéler au grand jour les turpitudes du Mexique.

CHAPITRE X.

En abordant ce chapitre, qui fait dans l'opinion le pendant du chapitre précédent, nous nous trouvons en face des mêmes préventions monstrueuses; ce n'est pourtant pas la première fois qu'il est question dans l'histoire de l'incendie d'une capitale. Un César romain a brûlé Rome, tout en jouant de la lyre, et les patriotes russes ont brûlé Moscou pour échapper à l'étreinte bonapartiste. Bien mieux, les hommes du 4 septembre, qui ne voulaient *céder ni un pouce de notre territoire, ni une pierre de nos citadelles*, allaient, aux premiers jours de leur gouvernement, jusqu'à menacer de réduire Paris en cendres plutôt que de le rendre aux Prussiens!

Mais il est écrit que tout ce qui vient de la Commune est mis hors la loi, et dès que la bataille a fait allumer un certain nombre d'incendies sur différents points de la capitale, ce souvenir est considéré comme un témoignage irréfutable des embrasements prémédités par la Commune, et c'est ainsi que l'on va répétant que le gouvernement de l'Hôtel-de-Ville avait organisé, d'un côté, le massacre de la bourgeoisie, et, de l'autre, l'anéantissement de Paris.

Nous avons vu ce qu'il y avait derrière cet épouvantail qu'on fait grimacer à propos des ôtages. Nous allons prouver que les infamies accumulées au sujet des incendies ne reposent non plus sur aucune raison discutable, et il suffit, en vérité, de révéler au grand jour ces inepties, pour en faire voir et comprendre l'insanité.

Voici, en résumé, ce qu'on dit et ce qu'on répète encore tous les jours ; car la bourgeoisie a pour règle invariable d'accabler le peuple, pour voiler par ses accusations ses propres turpitudes.

On a dit que, dès les premiers jours de son installation, la Commune avait, dans ses comités secrets, agité la question de la destruction de Paris par le feu et qu'elle avait, dans ce but, organisé des compagnies de pétroleurs, de pétroleuses et de fuséens.

On a dit, en donnant les détails les plus circonstanciés, qu'un corps d'ingénieurs et d'hommes du génie avait préparé et mis en batterie tout un vaste ensemble de piles voltaïques, se reliant entre elles par des fils passant par les conduits des égouts et pouvant ainsi faire sauter l'un après l'autre tous les quartiers de Paris.

On a dit, enfin, et pour cette affirmation c'est un article du *Figaro* que je rappelle ici, on a dit que c'est dans une séance de nuit, à la date du 19 mai, que fut discuté et adopté le projet d'incendier Paris. Et là-dessus le *Figaro*, pour dramatiser son récit, ajoute que les citoyens Beslay, Vermorel, etc., membres de la minorité, ayant voulu s'opposer de toutes leurs forces à l'adoption de cette atroce mesure, ont été conspués, insultés par les membres de la majorité, et se sont vus dans la nécessité de prendre la porte.

Tels sont les trois actes qui ont servi de thèmes aux fables abominables qui ont cours dans les livres publiés par la réaction. Ces mensonges sont heureusement faciles à dévoiler, et l'on va voir que nous pouvons renvoyer à nos diffamateurs le mot de Pascal aux Jésuites : *Mentiris impudentissime!*

Sur le premier point — l'organisation des incendiaires — nous pouvons affirmer que cette question n'a jamais été posée à l'Hôtel-de-Ville, pas plus dans les derniers jours que dans les premiers. Et comme je sais, comme membre de l'assemblée, tout ce qui s'y est dit et tout ce qui s'y est fait, on me permettra d'opposer mon témoignage, avant tout véridique, aux grossiers mensonges inventés par les *reporters* de la droite.

A mon témoignage, digne d'être écouté, chacun, d'ailleurs, peut ajouter ce raisonnement irréfutable. Il est certain que l'énergie du tempérament de la Commune s'est manifestée avec un tel accent de vérité, que tout ce qui s'est passé dans ses comités, dans ses réunions, a été connu de tout le monde. Les luttes entre la majorité et la minorité, les divisions à propos de la formation d'un comité de salut public, les discordes qui n'ont cessé d'exister au ministère de la guerre, les tiraillements entre les chefs des légions, tout éclatait en pleine lumière, et si la Commune avait tenté de dissimuler une mesure quelconque, il est clair que toute tentative pour tenir cette délibération secrète fût restée infructueuse. Toute l'histoire de la Commune est là pour le démontrer.

Et, à plus forte raison, dirons-nous, si quelques membres de l'Assemblée étaient venus soumettre à la discussion un projet aussi prodigieusement révolutionnaire que celui de la destruction de Paris, je connais assez l'assemblée de la Commune pour savoir qu'au premier mot d'une semblable proposition, il se serait élevé une telle clameur de tous les points de la salle, qu'il eût été impossible de taire une pareille motion. Paris en eût été informé comme par une secousse électrique. Les mille protestations de l'assemblée auraient à l'instant même couru les mille rues de la capitale, et ce projet aurait porté avec lui la déchéance de la Commune.

Non! non, mille fois non! Et je rougis d'avoir à laver d'un tel soupçon les travailleurs de mon pays. Le premier grand conseil des ouvriers de France a été digne des grands devoirs qu'il avait à remplir, et l'Hôtel-de-Ville n'a jamais entendu émettre et discuter sous ses voûtes l'atroce proposition que lui prête la presse tarée des classes gouvernantes. Il suffit de réfléchir une seconde pour s'apercevoir qu'il ne pourrait se trouver une bouche assez osée pour avouer une telle pensée, et les perfidies de l'accusation finissent par tourner contre les calomniateurs.

Inutile d'ajouter ici que la version du *Figaro* ne mérite même pas d'être discutée, et en me mettant en scène, ce journal, qui représente le mensonge vivant, n'a fait que ajouter une invention de plus à toutes celles qu'il a publiées sur mon compte. Je n'ai jamais eu besoin de m'élever contre une proposition d'incendiaires, puisqu'une telle proposition ne s'est jamais produite. Si nous avions, comme ces gens-là, le venin de Basile, nous répondrions qu'un tel projet n'aurait pu se faire jour que parmi ces hommes qui, après la bataille, tuaient pour tuer, comme de véritables cannibales.

Sur le second point — l'organisation des piles voltaïques pour miner Paris et le faire sauter — la réponse est des plus faciles, et les diffamateurs ont été pris dans leur propre piége. L'enquête du 18 mars a fait justice, devant les Versaillais eux-mêmes, de cette infâme machination. On sait, en effet, que le service du Paris souterrain comprend un personnel d'ingénieurs, d'inspecteurs et d'hommes du métier, et que ce service exige un entretien de chaque jour pour parer à tous les incidents qui peuvent se produire dans les égouts. Or, les témoignages des ingénieurs et des inspecteurs ont été unanimes pour reconnaître que les canaux des égouts de Paris étaient restés, pendant les deux mois du gouvernement communal, dans leur état habituel, et qu'on n'y avait fait aucune préparation d'aucune sorte. Nous n'insistons pas, et nous nous contentons de prendre les réquisitions de la réaction en flagrant délit de mensonge.

De ces préliminaires, que faut-il conclure? Une seule chose, c'est que la question des incendies n'a jamais été posée et que la Commune n'a jamais connu, ni entendu, ni proposition, ni délibération, ni plan.

Autres témoignages.

Sur cette question qui a son importance, on me permettra d'ajouter ici le résumé du dernier entretien que j'ai eu avec Delescluze, à l'Hôtel-de-Ville. Cette conversation a l'avantage de faire connaître la règle qu'avait adoptée le Comité de salut public.

C'était le mercredi matin, 24 mai. Je trouvai Delescluze et je me rappelle que, à cette heure critique, mon premier mot fut de lui demander l'explication des différents incendies qu'on signalait déjà de divers côtés.

— Est-ce vous, lui dis-je, qui avez ordonné d'allumer ces incendies ?

— Non, me dit-il, ce n'est ni moi, ni le Comité. Nous avons donné un ordre aux commandants des barricades et aux chefs de légions, mais cet ordre n'autorise aucun incendie. Il ordonne aux chefs de légions et aux commandants des barricades de brûler les maisons qui servent de champ de bataille, s'ils pensent que l'incendie de ces maisons peut arrêter l'armée. Mais cet ordre ne concerne absolument que les maisons qui avoisinent les barricades. L'ordre ne va pas au-delà.

Telle fut la réponse de Delescluze, et sa réponse se trouve, en effet, confirmée par un fait particulier que nous croyons devoir consigner ici.

Le même jour, 24 mai, le citoyen Debock écrit de l'Imprimerie nationale et des archives, que des citoyens exaltés ont menacé de brûler les archives, et demande les ordres du gouvernement.

Le citoyen Pindy, colonel commandant de l'Hôtel-de-Ville, lui répond : Défense de bruler les archives.

Pindy,
commandant de l'Hôtel-de-Ville.

Comment comprendrait-on cet ordre, si le Comité de salut public avait pris une décision contraire? Il n'y a donc eu aucun ordre relatif aux incendies.

Enfin, n'est-il pas un argument qui saute aux yeux des esprits les plus récalcitrants. Il en est des monuments comme des ôtages : on a fusillé 70 ôtages et plus de 300 sont restés tranquillement dans leurs prisons, qui se sont ouvertes à l'arrivée des Versaillais. Notre Paris monumental a perdu également six ou sept édifices, mais l'ensemble des monuments de la capitale s'est trouvé debout et ces sinistres, que nous allons expliquer, ne portaient aucune atteinte à l'intégrité de la Commune, qui n'a pris contre Paris aucune mesure de destruction. Ne prenez donc pas une catastrophe partielle pour un plan d'anéantissement général et complet, et surtout ne faisons pas retomber ces incendies sur la Commune, qui n'en a ordonné aucun.

Comment donc se sont produits, presque coup sur coup, ces sinistres qui menaçaient de dévorer Paris en quelques jours, comme une fournaise envahissante?

Comment? En vérité, après les éclaircissements que nous avons donnés, on peut s'étonner d'entendre encore une question semblable.

Que l'on fasse bouillonner, dans ce tourbillon de feu, tous ces éléments incandescents des obus qui éclatent, des chefs de légions qui se vengent, des espions qui poussent les choses au pire, des bonapartistes qui sèment une restauration en propageant les flammes, des haines personnelles qui ont recours au feu, des règlements de compte qui se font par les flammes, et l'on comprendra ce vaste brasier des dernières batailles.

Oui, il y a eu des incendies allumés par les obus, et l'on ne peut les nier, en se disant que Paris recevait jour et nuit une pluie de projectiles.

Oui, il y a eu des incendies allumés par les Versaillais, et l'on peut se rappeler que, même avant la bataille, le 17 mai, Paris entendit sauter la cartoucherie Rapp dans un effroyable ébranlement qui fit périr plus de cent personnes. C'est à la suite de cette explosion que la Commune publia la proclamation suivante :

» 17 mai.

» Le gouvernement de Versailles vient de se souiller d'un » *nouveau crime, le plus épouvantable et le plus lâche de* » *tous.*

» Ses agents ont mis le feu à la cartoucherie de l'avenue » Rapp et provoqué une explosion effroyable.

» On évalue à plus de cent le nombre des victimes. Des » femmes, un enfant à la mamelle ont été mis en lam- » beaux.

» Quatre des coupables sont entre les mains de la sûreté » générale.

» Paris, le 27 floréal an 79.

» Le Comité de salut public :
» Ant. ARNAUD. EUDES. BILLORAY. F. GAMBON. G. RANVIER.»

Oui, il y a eu des incendies allumés par les agents bonapartistes, et on n'en peut douter en voyant que les monuments incendiés étaient précisément ceux que l'Empire avait le plus d'intérêt à faire disparaître pour anéantir les preuves de ses dilapidations.

Oui, il y a eu des incendies allumés par les rancunes, les haines, les vengeances et toutes les mauvaises passions surexcitées par les intérêts privés. La Cour d'assises de

Paris ne vient-elle pas de condamner un des incendiaires
de cette bourgeoisie rongée de vices, qui ne vit que pour
et par l'argent? Et le sieur Prieur de la Comble n'a pas dû
être seul dans ce monde empesté qui se soit signalé par le
plus hideux et le plus lâche des crimes. — Le monde des
conservateurs et des classes dirigeantes est en effet loin de
se montrer digne de l'admiration qu'il a toujours pour lui-
même. Au point de vue des incendies comme au point de
vue des fusillades, au point de vue des délations comme au
point de vue des vengeances, la bourgeoisie s'est conduite
d'une manière in⸱⸱⸱⸱e.

On vit se produire chez elle la dénonciation sur la plus
vaste échelle. La commune, elle, avait imposé silence aux
dénonciateurs; mais le gouvernement de Versailles leur fit
bravement accueil et l'on reçut dans les bureaux de la police *399,823 dénonciations, dont un vingtième signées!!!*
Quand on remue cette mer de boue et de pestilence, est-il
donc exagéré de dire que Paris fumant a dû voir ramper
bien des Prieur de la Comble?

Haines et vengeances de famille, haines et vengeances de
commerçants, haines et vengeances de débiteurs, se sont
certainement fait jour dans le tumulte universel, et l'on
ne trouvera pas que notre accusation porte à faux, si l'on
veut bien se rappeler ce chiffre véritablement fabuleux de
quatre cent mille dénonciations, chiffres ronds!

Que l'on se rende compte du véritable état des choses,
que l'on énumère les sourdes menées qui se poursuivaient
dans l'ombre autour de la Commune, que l'on pense aux
escouades d'espions que le gouvernement de Versailles ver-
sait chaque jour dans Paris, et l'on verra que cette question

des incendies ne retombe en rien sur le gouvernement de l'Hôtel-de-Ville.

Résumons-nous.

Il est établi que cette question des incendies n'a jamais été discutée dans les séances de la Commune.

Il est également hors de doute que le Comité de salut public n'a donné aucun ordre pour incendier les monuments de Paris.

Il est certain, d'après les témoignages des ingénieurs de la ville, que les égouts de Paris n'ont jamais servi à l'organisation de batteries électriques et de dépôts de poudre pour faire sauter la capitale.

Il est incontestable, enfin, que, pour les incendies comme pour les fusillades, les bataillons de la garde nationale ont été en butte aux violences et aux suggestions criminelles d'agents bonapartistes intéressés à faire de la Commune une litière pour de nouveaux essais de reconstruction impériale.

Non-seulement l'assemblée de la Commune, en 1871, n'aurait pu s'entendre à Paris sur cette question, mais à l'heure qu'il est, après six années de torture que la *République aimable* de Jules Simon a fait subir aux défenseurs de la Commune, il serait encore impossible aux membres qui survivent d'ouvrir la moindre discussion sur ce thème brûlant.

Voilà pourtant comment, en soulevant les voiles de l'histoire, on arrive à faire la part de chacun. Il y a, sans doute, pour les ôtages, comme pour les incendies, des responsabilités individuelles, mais on voit que rien n'établit la responsabilité collective dont on voudrait flétrir la Commune. Le peuple a respecté les propriétés, il a respecté les personnes, il a respecté Paris. En peut-on dire autant de Versailles qui, vainqueur et montant au Capitole, ne s'y est élevé que sur une hécatombe de dix-sept mille victimes? Patience! Le jour de la justice n'est pas loin, et l'on mettra le gouvernement de la Commune et le gouvernement de Versailles à leur véritable place!

CHAPITRE XI.

Les conclusions qui nous restent à tirer ressortent avec une logique inexorable des événements que nous venons d'exposer dans leur simple vérité. Etant donnés ces événements, les responsabilités en découlent avec autant de rigueur que les conséquences d'un théorème.

Le lecteur arrivé aux conclusions que nous allons tirer, voit que nous avons fait de ce livre, non une histoire de la Commune, mais une sorte de géométrie politique où nous avons fait passer, avec un raisonnement aussi impartial que sensé, toutes les questions que l'on fait grimacer aux yeux du public comme des écriteaux d'infamie. Cette histoire n'était jusqu'à présent écrite qu'au *recto;* nous venons d'en montrer le *verso*, et devant ces redressements inattaquables, les responsabilités ne sont pas difficiles à placer.

N'oublions pas le point de départ éclatant qui met en évidence le crime commis par le gouvernement envers les défenseurs de Paris. Après la chute navrante de l'empire, après les hontes de Sedan et de Metz, après le découragement de la grande nation traînée par le dernier Bonaparte dans la boue, n'a-t-il pas été reconnu par le cri unanime du monde entier que le siége de Paris avait effacé les taches faites à l'honneur de la France? Il n'y a eu qu'une voix chez tous les peuples pour déclarer que la France était tombée, mais que Paris l'avait relevée. Si nous tenons à rappeler ce témoignage, c'est pour ajouter que si le gouvernement du 4 septembre avait été à la hauteur de l'héroïsme de Paris armé, le siége aurait pu donner au pays un autre dénouement.

L'impulsion de l'opinion était sur ce point si puissante qu'il n'y avait sur les lèvres de chacun, en France comme à l'étranger, qu'un seul mot : — « Paris a bien mérité de la France. »

Eh bien ! cette ville héroïque, ces fédérés de Buzenval et de Montretout, ces 400,000 citoyens qui ne reprochaient *au plan Trochu* que d'avoir trop économisé leur sang, voici comment le gouvernement et l'assemblée de Bordeaux leur répondait :

L'assemblée nationale, dès le premier jour, fait un accueil injurieux aux représentants républicains de Paris, empêche Victor Hugo de parler quand il veut défendre Garibaldi et refuse la parole au glorieux patriote italien qui avait généreusement mis sa vaillante épée au service de la République française.

Elle décapite Paris en faisant de Versailles le siége de l'assemblée.

Elle décrète que les effets de commerce échus le 13 novembre seraient exigibles le 13 mars, deux jours après le vote, et crible du premier coup la vaillante capitale de cent cinquante mille protêts. Poursuivre une ville héroïque qui n'avait plus de pain ! ! !

Le gouvernement de M. Thiers, de son côté, au lieu de ménager Paris, le provoque en nommant le général d'Aurelles de Paladine commandant en chef de la garde nationale de Paris.

Le général Vinoy, qui commande à Paris, licencie les mobiles de la Seine, avec une aumône de dix francs par homme.

Le même général supprime d'un seul coup tous les journaux les plus énergiquement dévoués à la cause républicaine : le *Cri du peuple*, le *Mot d'ordre*, le *Vengeur*, etc.

Le gouvernement arrête que la paie des trente sous ne sera plus accordée qu'à ceux qui la demanderont.

Ajoutez les interruptions provocatrices de la droite, les déclarations blessantes du gouvernement disant à la tribune que l'assemblée pourra délibérer à Versailles sans crainte des pavés de l'émeute! et par dessus tout les insultes journalières de la presse réactionnaire, qui ne cesse de traîner la garde nationale aux gémonies!

Devant ce parti pris d'accabler et de surexciter la capitale, qui s'attachait à la république comme à son ancre de salut, est-il étonnant que le Comité central ait surgi de la fournaise parisienne? Et devant ces revendications si justes, si simples, si faciles à satisfaire et toujours impitoyablement repoussées, devant cette campagne des canons, indignement montée dans l'ombre, pour n'avoir pas à traiter avec Paris à ciel ouvert, qui donc pourrait accuser la Commune de son explosion, puisque le gouvernement de Versailles la rendait nécessaire.

Au lieu de faire tous ses efforts pour empêcher la Commune de naître, le gouvernement a tout fait pour la rendre inévitable, et alors nous le demandons à tous les hommes de bonne foi : Qui donc est responsable?

Et en effet, qu'est-ce que la Commune? Nous ne saurions faire jaillir trop de lumière sur cette première question qui domine toutes les autres et qu'il faut absolument dégager de toute ombre compromettante, pour ne pas avoir de préventions dans le jugement que nous devons porter contre elle.

Demandons-nous donc : Qu'est-ce que la Commune? Est-ce l'explosion d'une association révolutionnaire? En aucune manière.

Chacun sait que le suffrage universel a déraciné en France les sociétés secrètes, autrefois si actives, si audacieuses et si entreprenantes. Le bulletin de vote a fait rejeter le fusil, et l'on peut affirmer que la France, depuis 1848, n'a plus à craindre ce volcan qui couvait autrefois chez elle dans les grandes villes. Il n'y a plus aujourd'hui qu'une seule et vaste association universelle, celle de l'*Internationale*, qui n'est pas une société révolutionnaire créée pour provoquer des mouvements insurrectionels dans tous les pays; mais bien une société d'instruction, de propagande, d'émulation, de doctrine, en vue de grouper tous les travailleurs dans tous les pays, et de les associer dans une seule et même protestation, dans une seule et même revendication, contre les institutions du capital. Mon affirmation est si vraie, que l'*Internationale*, ainsi que nous l'avons vu, n'essaya même pas, le 18 mars, d'apporter aux hommes du Comité central le concours des sections qu'elle avait formées à Paris, et sur lesquelles elle pouvait assurément compter. Nous avons vu également que l'un des chefs de l'*Internationale*, M. Karl Max, ne donnait à la Révolution parisienne qu'une approbation sous réserve. La Commune n'est donc pas le produit d'une explosion provoquée par une association révolutionnaire.

Est-ce le produit d'une émeute s'insurgeant contre le gouvernement établi? En aucune manière. Il n'y a eu ni conspiration, ni émeute. Les délégués des bataillons de la garde nationale, dont les principaux membres ont formé le Comité central, se réunissaient librement, ouvertement, pour délibérer sur tous les intérêts qui pouvaient se rapporter à la garde nationale. On a dit que c'étaient des individualités sans mandat; ils ont répondu par le procès-verbal des élections de délégués faites dans tous les bataillons. On a dit que c'étaient des inconnus qui se cachaient; ils ont répondu en donnant le lieu de leurs réunions et en faisant afficher, par une circulaire, leurs noms et leurs adresses. Tout s'est donc passé de la manière la plus régulière, au grand jour, et sans la moindre intention de porter atteinte au pouvoir de l'Assemblée nationale. Ceci est indéniable.

Est-ce une insurrection triomphante de la garde nationale? En aucune manière. Le 18 mars, au matin, pas un bataillon de la garde nationale, pas un ne se doutait des résolutions que le gouvernement avait prises et des ordres qu'il avait donnés pour reprendre aux bataillons les canons qu'ils avaient payés et qui étaient leur propriété. La sécurité de Paris était complète, et même à Montmartre, où se trouvaient les canons, on ne se doutait pas le moins du monde de l'attaque qui allait fondre sur les postes qui n'avaient pas même été doublés. C'est précisément cette sécurité de la garde nationale, qui ne s'attendait nullement à un pareil guet-apens, que nous invoquons aujourd'hui comme un argument sans réplique, pour démontrer que l'attaque est venue, non de Paris, mais du gouvernement et de l'armée; et la preuve, c'est que, dans le premier moment de cette surprise, le général Le Comte put facilement venir à bout du poste qui gardait Montmartre, s'emparer des canons, que l'on considérait sans doute comme le premier acte du désarmement de la garde nationale. Ce ne fut que sur l'alerte donnée par les gardes nationaux de service, que les bataillons accoururent en force et reprirent à l'armée les canons que les soldats traînaient déjà triomphalement du côté des boulevards extérieurs. L'attaque est donc venue du gouvernement, au jour et à l'heure qu'il avait fixés, et la garde nationale n'a fait que se défendre et reprendre son bien, c'est-à-dire ses canons, qu'on ne lui avait même demandés auparavant par aucune sommation préalable.

La Commune n'est donc ni une association révolutionnaire qui fait explosion sous la pression des événements, ni une conspiration qui organise une émeute contre le pouvoir établi, ni une insurrection de la force armée de Paris. Elle n'est qu'une résultante des injures, des injustices, des fautes, des attaques commises par le gouvernement à l'égard de Paris et de la garde nationale, et ce n'est que le jour où elle s'est vue attaquée par l'armée, que la garde nationale s'est montrée debout, comme un seul homme, pour maintenir ses prérogatives et pour défendre la République. Encore une fois, ce n'est pas Paris qui a attaqué le gouvernement, c'est le gouvernement qui a attaqué Paris.

A l'heure où j'ajoute ces observations à la première édition de mon livre, un rapprochement d'un effet saisissant se présente à ma pensée. Après les élections du 14 octobre, le gouvernement devrait manifestement s'incliner devant la volonté si énergiquement exprimée de la France. Où est le droit? où est l'exercice de la Constitution? où est la loi? où est la souveraineté? Il suffit de poser ces questions pour qu'on réponde immédiatement que le droit, la Constitution, la loi, la souveraineté sont du côté de la majorité républicaine. Il est clair pourtant que le gouvernement s'étudie à chercher et à trouver les moyens de violer toutes les lois et de confisquer le pouvoir à son profit. Eh bien! si le gouvernement, dans cette voie, allait, suivant son mot, *jusqu'au bout*, de quel côté seraient le crime et la culpabilité? A moins d'avoir affaire aux juges tarés des commissions mixtes de l'Empire, on peut dire qu'il n'est pas un juge digne de ce nom qui puisse hésiter sur le jugement à prononcer.

Je le constate ici, à l'honneur de Paris, l'analogie n'est-elle pas frappante? Où était le droit? où était la légalité? où était la puissance nationale? où étaient les services rendus? Du côté de Paris, sans aucun doute, et la garde nationale méritait, non des récriminations et des attaques, mais des félicitations et des récompenses. Et quand, au lieu de ces félicitations et de ces récompenses, on ne voit apparaître que des attaques et d'infâmes accusations qui font surgir le Comité central et la Commune, n'est-on pas fondé à demander :

Qui donc est responsable?

Voici la Commune et Versailles en face l'un de l'autre.

Eh bien! la même politique continue des deux côtés.

Le gouvernement de Versailles calomnie la Commune, inonde Paris de ses espions, refuse d'entendre les délégués parisiens, repousse les demandes des provinces, attise partout le feu, provoque l'attaque, bombarde la capitale, sans avoir jamais voulu rien faire, rien écouter, et devant cette politique sans entrailles, que fait la Commune?

La Commune use son temps en propositions conciliantes, en projets d'arrangement, en délibérations pacifiques. Elle écoute tout le monde, les maires de Paris, les députés, les délégués de Versailles, les représentants des grandes villes, l'*Union républicaine*, les syndicats du commerce et de l'industrie, les francs-maçons ; elle ne demande qu'à tendre loyalement la main au gouvernement et à l'assemblée.

En tout et pour tout, depuis le premier jour jusqu'au dernier, ses paroles et ses actes ne tendent qu'au maintien de la République et des libertés communales. Les preuves sont là. Chaque page de l'histoire de la Commune est un appel au grand sentiment de la justice et de la solidarité. Le lendemain des élections municipales de Paris, le 26 mars, l'*Officiel* de Paris disait :

« Les prolétaires de la capitale, au milieu des défaillan-
» ces et des trahisons des classes gouvernantes, ont com-
» pris que l'heure était arrivée pour eux de sauver la situa-
» tion en prenant en main la direction des affaires publi-
» ques. A peine arrivés au pouvoir, ils ont eu hâte de con-
» voquer dans ses comices le peuple de Paris ; il n'est pas
» d'exemple dans l'histoire d'un gouvernement provisoire
» qui se soit plus empressé de déposer son mandat. En pré-
» sence de cette conduite si désintéressée, on se demande
» comment il peut se trouver une presse assez injuste pour
» déverser l'injure ou la calomnie et l'outrage sur ces ci-
» toyens. Les travailleurs, ceux qui produisent tout et ne
» jouissent de rien, devront-ils donc sans cesse être en
» butte aux insultes ? *La bourgeoisie, leur aînée, qui a ac-*
» *compli son émancipation, ne comprend-elle pas aujour-*
» *d'hui que le tour d'émancipation du prolétariat est ar-*
» *rivé ? Pourquoi donc persiste-t-elle à refuser au prolé-*
» *tariat sa part légitime ?* »

Encore une fois : du côté de Versailles, tout pour arriver au *malheur aux vaincus !* et, du côté de la Commune, tout pour arriver à une entente. — Devant des agissements si dignes d'un côté, si monstrueux de l'autre, n'est-on pas en droit, quand on voit la lutte éclater, de s'écrier :

Qui donc est responsable?

C'est alors que j'arrivai à tirer des éléments de cette situation, tout à la fois si complexe et si horrible, la conclusion suivante : si M. Thiers s'oppose à tout, c'est alors M. Thiers lui-même qui devient le seul et unique obstacle à la pacification. Que le chef du pouvoir exécutif, qui use et abuse de son autorité, donne sa démission, et Paris et Versailles trouveront plus facilement le trait d'union qui doit les unir.

J'avais sans doute peu d'espoir de réussir; mais l'insuccès possible est-il donc un motif d'abstention? Qui peut savoir jusqu'où peut porter une idée jetée dans le pêle-même des événements? Le devoir commandait donc d'essayer, et, le 24 avril, je fis afficher sur tous les murs de Paris une Adresse à M. Thiers; la voici :

AU CITOYEN THIERS,

Chef du pouvoir exécutif de la République française.

Citoyen président,

Une des grandes révolutions de la France, celle de 1830, me fit entrer dans la politique il y a quarante ans, et c'est comme député de l'opposition, assis sur les mêmes bancs que vous, que j'ai pu voir de près votre manière de considérer et d'apprécier les hommes et les choses de notre temps.

Une autre révolution, celle de 1848, me permit plus tard, comme représentant du peuple, de vous revoir également de près dans un milieu tout nouveau, et de me convaincre que, vous non plus, vous n'avez rien appris, rien oublié!!!

Une troisième révolution, — la plus grande et la plus juste! — éclate après vingt ans d'ignominies, et me voilà, à la fin de ma carrière, séparé de vous par un abîme!

Pendant que vous tenez en main le drapeau de la République... *in partibus infidelium!* je siége sur les bancs de la Commune de Paris pour la défendre, cette grande République encore méconnue, et pour l'enraciner à jamais en France! Partis du même point, nous arrivons, après quarante ans de luttes et de crises de toutes sortes, à siéger, dans notre vieillesse, aux deux pôles de la politique.

Pourquoi?

Parce que, depuis le premier jour jusqu'au dernier, avec une obstination qui n'est égalée que par votre aveuglement, vous n'avez cessé de fermer les yeux à la lumière et de dénaturer, de dénigrer, de combattre avec une mauvaise foi manifeste, tout le travail de transformation sociale qui s'est accompli depuis cinquante ans en Europe.

Le monde marche, et vous, vous persistez, sans avancer d'un pas, à continuer votre piétinement sur place.

La démocratie s'élève et grandit, et, sans vouloir l'interroger, ni la comprendre, vous ne savez lui opposer que la mitraille et le canon.

La République surgit, toujours renaissante, parce que l'on ne tue pas ce qui est dans la nécessité des choses! Et votre préoccupation dernière est d'en faire le marchepied d'une quatrième Restauration.

Un monde a passé devant vous, — le monde de la Révolution! — Et vous qui l'avez étudié, fouillé, raconté, vous ne l'avez pas encore compris. Qui dit Révolution, dit une régénération dans les conditions du gouvernement, dans les institutions sociales, dans l'organisation du travail et de l'échange, et gouvernement, démocratie, travail, vous avez persisté à vouloir tout renfermer dans les moules usés d'un passé impossible. Le gouvernement! vous ne l'avez jamais compris, vous, ministre d'une Révolution, qu'à la façon des maîtres que vous veniez d'expulser; vous avez toujours voulu et vous voulez encore tout régler, tout conduire, tout tenir dans votre main, comme si les générations mûres pour les plus larges réformes n'étaient encore que la nation mineure des siècles passés. Et cela est si vrai, que le gouvernement dont vous avez été l'inspirateur et l'homme d'Etat est tombé, parce qu'il résistait à la plus inoffensive des réformes! La démocratie! ce mot seul vous fait frissonner d'horreur. Vous ne l'avez jamais vue se développer qu'avec épouvante. Le jour où la fusillade de la rue Transnonain nous réveillait en sursaut, vous vous pressiez de l'étouffer et de passer une éponge sur le sang versé! Et c'était tout! Faire de la politique, c'est prévoir, a-t-on dit. Dans ce cas, j'affirme que vous n'avez rien prévu, rien compris dans notre temps, et vingt ans après Transnonain, quand la démocratie se montrait encore debout, vous ne trouvez dans votre cœur et sur vos lèvres qu'un seul mot : Vile multitude! Le travail! c'est le grand mot du monde nouveau qui se lève, et ce cri trouve aujourd'hui des échos dans tous les pays civilisés : aux Etats-Unis, en Angleterre, en Russie, en Allemagne. Eh bien! au milieu de ces revendications légitimes et incessantes de la grande famille des travailleurs, vous n'avez jamais su que vous cramponner aux institutions qui assurent la prépondérance du capital.

Je suis né, j'ai vécu, j'ai traversé la vie, comme vous, dans le monde de la bourgeoisie capitaliste ; mais, comme un témoin parlant devant la justice éternelle, je dois déclarer que je n'ai jamais vu, dans le gouvernement du capital, les institutions rompre avec le passé pour tendre fraternellement la main au travail ! Asservissement du travail au capital ! tel est le fondement de votre politique, et le jour où vous avez vu la République du travail siéger à l'Hôtel-de-Ville, vous n'avez cessé de crier chaque jour à la France : « Ce sont des criminels ! »

Des criminels ! L'histoire, qui redresse les injustices de la politique et des gouvernements, l'histoire dira où sont en ce moment la justice et le crime.

Quels sont les criminels ? Sont-ils du côté de ceux qui prouvent qu'ils étaient prêts à mourir pour Paris, pour la France et pour la République, ou du côté de ceux qui prêchaient d'un air funèbre la défense nationale, sans y croire ? Sont-ils du côté de ceux qui criaient de marcher en avant, ou du côté de ceux qui ont chloroformisé Paris quatre mois et demi, tout en disant : « Nous ne capitulerons pas ! » Sont-ils du côté de ceux qui meurent pour le maintien de la République, ou du côté de ceux qui veulent la conduire comme ils ont conduit la guerre et comme ils ont dirigé le siége de Paris ? A la vue de ce qui se passe, la France ne s'y trompera pas. En vous voyant faire appel aux soldats et aux canons, la France se dira : Versailles peut bien représenter la force, mais Paris représente le droit. Et la preuve que votre politique ne repose absolument que sur le chassepot et l'artillerie, c'est que si l'armée vous abandonnait à Versailles, comme le 18 mars, à Paris, soudain gouvernement, ministère, assemblée, tout s'écroulerait en poussière. Vous ne représentez donc que la force, et sur ce point la lumière commence à se faire dans tous les esprits ; l'opinion s'éclaire, en voyant par quels actes et par quels hommes vous inaugurez le gouvernement de la République appelée à nous ouvrir une ère nouvelle.

Vos actes ! Il n'en est pas un qui ne soit marqué au coin de l'inexpérience la plus déplorable. Question des échéances, question des loyers, question de la presse, tout est préparé, discuté, voté avec une telle ignorance des intérêts en présence, avec une telle étroitesse de vue, que, du jour au lendemain, vous vous voyez dans la nécessité de vous déjuger vous-même. Vous avez mis le comble à vos erreurs et à vos fautes le jour où vous avez forcé l'Assemblée à revenir sur son vote pour garder dans la main du pouvoir la nomination des maires dans les grandes villes. Les grandes villes, c'est l'intelligence du pays, et au-dessus de l'intelligence de la France, vous ne mettez que l'ignorance des campagnes. Mais cette pression de votre gouvernement a démasqué vos combinaisons, et la ligue des villes va dérouter les projets que vous méditez.

Vos hommes ! Mais ce sont les hommes de l'Empire, les défenseurs de l'Empire, les états-majors de l'Empire ; si bien qu'en voyant tout ce qui se passe, le journal inavouable qui ose encore soutenir à Londres l'idée d'une restauration bonapartiste a eu l'impudence de dire : « Sire la France vous attend ! »

Oui, confessez-le, voilà où vous en êtes ! A n'avoir plus d'autre recours, d'autre alternative, d'autre politique que celle-ci : ou l'Empire, ou la République véritable avec ses conséquences !

Telle est l'alternative, tel est le choix. A vous de peser et de calculer toute la portée de la résolution que vous allez prendre, et c'est devant cette alternative redoutable, qui fera la grandeur ou la décadence de la France et de l'Europe, — cosaque ou républicaine, — que je viens vous dire, moi, votre ancien collègue à la Chambre des députés et votre ancien collègue à la Chambre des représentants du peuple :

Au nom du sang français qui coule et qui, des deux côtés, fait des veuves et des orphelins ; au nom de la patrie déchirée, meurtrie, démembrée et agonisante ; au nom de la capitale de la France, qui a réhabilité la patrie perdue et vendue par l'Empire ;

Au nom des grandes villes du pays, qui représentent l'intelligence et qui demandent, comme Paris, le maintien de la République ;

Au nom de l'avenir, qui veut racheter le passé ;

Prenez une résolution décisive, radicale, la seule que la guerre civile vous impose, la seule que le salut de la patrie vous commande :

Donnez votre démission !!!

Donnez votre démission, parce que deux mois de votre pouvoir exécutif n'ont que trop prouvé que vous n'étiez pas à la hauteur de la mission régénératrice qui incombe au nouveau gouvernement de la France.

Parce que, votre démission donnée, l'Assemblée va se trouver en face de cette alternative, de se prononcer, par un acte, pour le maintien de la République et des franchises communales, ou de se tourner vers une tentative de restauration, et, dans ces deux cas, la solution est certaine. Si l'Assemblée se tourne du côté d'une restauration, le pays, éclatant comme un volcan, fera justice d'intrigues et de projets qui, après les quatre derniers gouvernements monarchiques de la France, achèveraient de conduire le pays à la ruine et à l'anéantissement.

Si l'Assemblée, au contraire, en présence de l'abîme ouvert à ses yeux, a conscience des périls du présent et des
nécessités de l'avenir, et se tourne irrévocablement du côté
de la République et des libertés communales, la guerre civile s'éteint, l'entente devient facile, et la régénération du
pays se fonde irrévocablement sur ces deux bases :

La Commune,

La République.

Ce rapide exposé de la situation suffit pour faire entrer
dans votre esprit la vérité qui frappe aujourd'hui tout le
monde.

Vous êtes l'homme du passé.

Il faut à la France des hommes qui représentent l'avenir.

Donnez votre démission !

Paris, 24 avril 1871.

Ch. Beslay.

L'Adresse fut beaucoup lue dans tous les quartiers, mais
aussi beaucoup critiquée par les journaux conservateurs,
qui regardaient en ce moment M. Thiers comme un dieu.

Mais, pour M. Thiers, comme pour tout le monde, l'histoire fera lever le jour des revendications et de la vérité.
La première Révolution a fait à Mirabeau des funérailles
qui furent un apothéose, et l'histoire a depuis découvert et
montré au grand jour que ce demi-dieu de la Révolution
naissante négociait avec la cour pour ramener aux carriè-
res le peuple qu'il avait contribué à faire libre. L'histoire
aussi aura son compte à régler avec l'homme qui représentait à lui seul, en 1871, tous les pouvoirs, et quand elle
aura prouvé qu'il pouvait empêcher la Commune et qu'il
l'a laissé naître, quand elle aura prouvé qu'après sa nais-
sance il n'a rien fait pour transiger avec elle, elle portera
sur son obstination coupable un jugement terrible.

Et qu'on ne dise pas qu'il ne pouvait donner sa démission, puisqu'il l'a bien donnée plus tard. En se retirant à
cette époque d'une des circonstances critiques, il montrait
au grand jour, comme il l'a dit lui-même dans son testament, l'impuissance manifeste de la droite, et lui permettait de traiter avec le gouvernement de Paris; et il revenait
forcément plus tard à la présidence, parce que, dans ce
moment, avec la majorité de l'ancienne Chambre, il était
encore l'homme de la situation. Mais, en remontant au
fauteuil de la présidence, il n'avait plus devant lui l'é-
pouvantable gouffre de la bataille de huit jours et l'immolation d'une population de cent mille victimes. Et quand
on voit que c'est lui qui a tout provoqué, tout repoussé,
tout ordonné pour creuser ce gouffre, on peut demander,
sur sa tombe, comme devant son pouvoir :
Qui donc est responsable ?

Oui, qu'on ne s'y trompe pas, on étudie l'histoire et l'o-
pinion se refait. A voir l'acharnement de la bourgeoisie
française, on dirait que ces classes dirigeantes s'imaginent
être seules au monde. La civilisation est représentée aujourd'hui dans le monde entier, et partout on entend se
formuler des protestations, des critiques, des accusations
qui doivent prouver à la réaction clérico-bourgeoise de
Versailles que ses agissements sont loin de faire illusion à
personne.
Est-ce que l'universelle désapprobation donnée à la politique cléricale, la plus implacable de toutes celles qui se
sont déchaînées contre la Commune, ne montre pas qu'en
France le gouvernement est indissolublement lié à cette
doctrine de la Société de Jésus, que la République aurait

dû bannir depuis longtemps, puisqu'elle n'y prend toutes ses racines que contrairement à toutes les lois?

Est-ce que le Parlement, les congrès, les journaux étrangers n'ont pas depuis longtemps fait adopter comme une vérité courante cette affirmation que nous émettons à la première ligne de la préface de ce livre, et qui déclare que la Commune a été vaincue, mais qu'elle n'a pas été entendue?

En Espagne, en Hongrie, en Angleterre, en Suisse, en Italie, en Allemagne, en Russie, en Amérique, la Commune a trouvé des voix pour plaider sa cause, et l'opinion en France sera bien forcée de se redresser sur l'omnipotente protestation du monde entier. Si l'on voulait résumer tous les principes sociaux en un seul mot, on pourrait dire que ce mot est certainement : Justice! Et tous les faits que nous venons de rappeler démontrent que le jour où le mot Justice triomphera, le gouvernement de Versailles sera traîné aux gémonies!

CHAPITRE XII.

Un fait indéniable frappe à première vue les yeux de l'observateur qui essaye de se rendre compte de l'attitude et de la conduite tenues par le gouvernement et l'Assemblée à l'égard de la première proposition d'amnistie présentée par les députés de l'extrême gauche. Les classes dirigeantes, autrement dit le gouvernement et l'Assemblée, sont aujourd'hui, vis-à-vis de la Commune et de ses défenseurs, dans les mêmes dispositions qu'au mois de mai 1871. Même aversion pour un conflit qu'on n'essaye même pas d'étudier et d'approfondir. Même implacable répression, puisque, après six années de condamnation, les poursuites ne sont même pas arrêtées, et mêmes anathèmes pour tout ce qui tient à ce grand drame.

Le pouvoir n'a donc pas assez de clairvoyance pour s'apercevoir que, pendant qu'il reste immobile et implacable dans sa tour d'airain, l'opinion se modifie complétement autour de lui, en France et chez tous les peuples. La haine aveugle si bien ce clan sans yeux, sans oreilles et sans entrailles, qu'il en est encore à parler de la Commune comme si Paris, sous ce gouvernement, n'avait été qu'un bagne ! un bagne de deux millions d'habitants et de quatre cent mille citoyens armés ! N'est-ce pas de la démence?

Si les mêmes aberrations devaient éternellement prévaloir, il faudrait renoncer à voir jamais arriver le jour de la sévère vérité. Mais il n'est pas un pouvoir qui puisse, avec tous ses arsenaux, résister aux assauts toujours renaissants et toujours victorieux de l'opinion. Les classes dirigeantes ont beau, par leurs journaux, entasser mensonges sur mensonges, l'opinion fait déjà bonne justice des infâmes calomnies des premiers jours. Les défenseurs de la Commune ne sont pas des bandits, mais des gardes nationaux placés sur le terrain de la légitime défense; les habitants de Paris ne sont plus des révoltés, mais des citoyens attaqués chez eux par le gouvernement et forcés de prendre en main l'administration d'une immense cité abandonnée par le pouvoir et toutes les autorités.

C'est ainsi que par mille fissures l'opinion fait pénétrer la lumière dans ce duel redoutable de la Commune et de la république de Versailles. Aujourd'hui, dans l'esprit de tout le monde, la Commune et le gouvernement étaient deux belligérants, et quant à la marque d'infamie dont l'histoire officielle voudrait avant tout flétrir ceux qu'on appelle avec dégoût les *communards*, on sait que ce n'est plus là qu'un artifice grossier au moyen duquel on tente encore de détourner l'attention des épouvantables scènes d'égorgement exécutées par les vainqueurs.

Donc la question de l'amnistie est mal posée par le pouvoir, et dès qu'il s'agit de réconcilier des frères ennemis, le premier soin des hommes politiques qui s'en occupent doit être de bien préciser les termes du problème, car du choix de ces termes dépend la solution à laquelle on veut arriver.

Qu'est-ce que la Commune? C'est la question à laquelle nous avons répondu plus haut et qu'il nous faut rappeler ici.

Eh bien! je le proclame ici de toutes les forces de mon âme : la Commune n'a pas été un crime, parce que Paris ne s'est pas révolté; Paris s'est courbé sous toutes les humiliations qu'on a voulu lui faire subir, et M. Thiers a reconnu lui-même que Paris, en subissant, après les horreurs du siége, l'entrée si douloureuse des Prussiens pour sauver Belfort, avait bien mérité de la France.

On ne peut assez le répéter : Paris ne s'est pas révolté et par conséquent Paris n'a pas de crime à expier. N'est-ce pas le gouvernement qui a provoqué jour par jour les fédérés et la population? N'est-ce pas lui qui a attaqué la garde nationale à Montmartre? N'est-ce pas lui qui a envoyé le général Lecomte prendre les 171 canons que les bataillons avaient payés et qui étaient leur propriété? N'est-ce pas lui qui a abandonné la capitale que son devoir était d'occuper quand même? Et après tant de perfidie et de légèreté, on viendrait dire encore : ce sont des révoltés, ce sont des criminels!

Aujourd'hui que l'on remet chaque chose à sa place, il faut dire : la Commune n'est pas un crime, c'est une révolution!

Et cette révolution s'est produite juste à point pour inaugurer une ère nouvelle pour le pays. Elle s'est dressée devant l'attaque du gouvernement de M. Thiers, pour défendre la république en péril, et les événements ont prouvé qu'elle avait raison. Elle a déployé le grand drapeau des réformes sociales, et les bouillonnements de la société européenne croulant de toutes parts prouvent également que, sur ce point, elle a encore eu raison. Après le Tiers-Etat, le quatrième et dernier Etat, celui du travail, et ce sera justice !

Telle a toujours été ma conviction profonde et mon invincible manière de voir. Dès qu'il fut question d'amnistie, je résolus d'écrire à M. Thiers, que j'ai toujours regardé comme le grand coupable de cette lamentable histoire, et je fis parvenir à son adresse ce dernier appel à sa conscience et à sa bonne foi. L'appel n'a certainement pas été entendu ; mais je n'ai du moins rien à me reprocher, et je puis me rendre cette justice, que j'ai fait pour l'amnistie ce que j'ai fait cinq ans auparavant pour la Commune. Voici cette lettre :

Monsieur le Président,

Le jour où je me suis adressé à vous, comme l'un de vos plus anciens collègues, pour vous démontrer que vous ne pouviez être qu'un obstacle à l'avénement de la démocratie, les hommes de la politique bourgeoise qui vous entourent et qui s'inclinent devant vous comme devant « l'homme de la situation, » m'ont tous universellement condamné.

Le jour où l'on vous a vu pousser votre ministère dans cette voie d'une politique implacable, qui considère la conciliation « comme un crime doublé d'hypocrisie, » et qui ne voit dans la grande Révolution accomplie à Paris « qu'une révolte qui n'a d'autre recours que la clémence du pouvoir exécutif, » les hommes les plus sérieux qui s'attachent à votre gouvernement comme à l'arche du salut, ont com-

12

mencé à douter de votre clairvoyance et de votre capacité. La lumière a commencé à se faire dans les esprits.

Le jour où tous les citoyens de France auront lu, discuté et commenté votre dernière proclamation, il n'y aura plus qu'une voix dans le pays pour déclarer que ce langage, tenu le lendemain des élections municipales du 30 avril, démontre, avec la dernière évidence, que vous ne comprenez rien au gouvernement de la démocratie.

Hier, j'avais tort, et demain, sans aucun doute, le témoignage unanime de l'opinion reconnaîtra, sur les ruines de votre pouvoir éphémère, que j'avais raison.

Pourquoi faut-il que cette cruelle expérience ne s'achète qu'avec le sang de la patrie? Pourquoi faut-il que vos préjugés, vos préventions, votre haine de la vile multitude, soient venus une dernière fois dresser, au milieu de nos désastres, l'éternel antagonisme qui met chez nous face à face le gouvernement de la Commune, la Bourgeoisie et le Peuple, le Capital et le Travail, le Pouvoir et la République?

Vous invoquez le suffrage universel. Faut-il donc vous rappeler que vous, l'un des auteurs de la loi du 31 mai, vous ne l'avez jamais interrogé qu'à la façon des habiles qui ne cherchent dans la loi que le moyen de l'éluder?

Au lieu de vous dire : la lettre tue et l'esprit vivifie; au lieu de chercher dans le suffrage universel ce qui pourrait nous unir, vous ne le mettez en avant que pour perpétuer l'effusion du sang!

La preuve de ce que j'avance, vous nous la donnez vous-même par la politique que vous tenez à l'égard des conseillers municipaux qui viennent d'être élus. Jamais le suffrage universel n'est plus sincère et plus vrai que dans les manifestations des conseils municipaux, parce que là tout se passe en pleine lumière et sur un terrain connu de tous les électeurs.

Eh bien! le suffrage universel vient d'y condamner votre politique de haine, d'antagonisme, de guerre et de sang. L'avez-vous respecté?

Au lieu d'écouter cette voix sortie des entrailles du pays et qui vous commande de respecter la République de la Commune, vous continuez votre bombardement contre Paris, et vous lancez comme un obus, contre le congrès des conseils municipaux, la loi de 1834!

Voilà votre respect du suffrage universel!

Et comme si vous sentiez se briser dans vos mains le pouvoir que vous tournez contre nous, vous n'oubliez jamais, dans vos proclamations, de montrer suspendue sur notre tête la menace d'une intervention prussienne.

Vous savez pourtant que la Commune a reconnu, comme votre gouvernement, les préliminaires de paix, et par conséquent l'obligation de payer l'indemnité de guerre.

Je vais plus loin, Monsieur le Président, j'affirme, et je suis prêt à le prouver, que le paiement de cette indemnité, qui doit passer comme une trombe sur le pays, s'effectuera mille fois plus facilement avec le système de la Commune qu'avec votre gouvernement. Sur ce point, l'opinion n'a même plus aucun doute aujourd'hui.

Votre gouvernement ne représente que le passé avec ses charges, ses abus, ses priviléges et ses exploitations séculaires; et cela est si vrai, que, pour payer l'indemnité de cinq milliards, vous ne songez qu'à l'emprunt!

La Commune, au contraire, qui n'a pour pivot que l'intérêt général et qui ne pactise avec aucun abus, saura trouver les moyens de se libérer de cette lourde obligation sans écraser le pays sous le poids de sa dette publique et sans faire peser ce legs de votre politique sur la masse des travailleurs des villes et des campagnes !

Chose vraiment lamentable ! Il n'est pas une seule de vos assertions qui ne soit un travestissement des faits et un outrage à la vérité.

Vous ne parlez que de révolte, comme s'il était possible de faire considérer comme une émeute vulgaire une révolution accomplie sur une grande question politique par une capitale de deux millions d'habitants, qui a juré de ne plus retomber sous le servilisme de ses gouvernants passés !

Vous ne cherchez qu'à flétrir les membres de la Commune, que votre ministre de l'intérieur appelle odieusement des communistes, comme si tous les actes de l'Hôtel-de-Ville ne donnaient pas un éclatant démenti à vos insultes !

Vous rappelez les droits acquis par les autres grandes villes de France, comme si nous avions la mémoire assez courte pour oublier que vous avez forcé la Chambre à se déjuger, pour ne laisser à toutes ces villes qu'une liberté dérisoire !

Vous n'appelez enfin à votre secours que la raison suprême du bombardement, comme si le problème des libertés communales, qui roule depuis sept cents ans dans notre histoire, ne méritait pas une autre solution que celle du canon !

M. de Bismarck, Monsieur le Président, dont vous invoquez le nom comme un épouvantail pour nous, n'a prononcé qu'un seul mot sur le conflit qui nous déchire, et ce mot va devenir un accablant réquisitoire pour votre politique. Le chancelier de l'Empire d'Allemagne vient, en effet, de déclarer solennellement qu'il allait accorder à l'Alsace et à la Lorraine la plus large part des libertés communales.

Qu'avez-vous à répondre ?

République et franchises communales, tel est donc le premier et le dernier mot de la régénération de notre malheureuse patrie.

Ce cri de Paris est aujourd'hui le cri de toute la France. — Le vote du 30 avril est aussi éloquent, aussi impérieux, aussi irrésistible que la révolution du 18 mars à Paris.

En présence de ce double courant qui emporte le pays et qui place votre pouvoir de Versailles entre le double mouvement de Paris et de toutes les villes de France, prétendez-vous éterniser une guerre dont la responsabilité retombera sur vous ?

Ce n'est plus la voix d'un ancien collègue qui vous parle, ce n'est plus Paris seul qui vous résiste, c'est toute la France, qui, pour maintenir debout ce programme de notre régénération sociale, la République et la Commune, vous commande d'abandonner un pouvoir qui ne représente plus que le déchirement du pays.

Encore une fois, la France vous dit aujourd'hui, comme moi : Donnez votre démission ! Et quand c'est la voix du pays tout entier qui s'élève jusqu'à vous, refuserez-vous de l'entendre ?

Ch. Beslay,
Membre de la Commune.

Etant donnés ces préliminaires, le projet d'amnistie présenté à la Chambre ne pouvait être qu'un vain simulacre et un spectacle dérisoire. Dès qu'une grande Assemblée politique commence par déclarer à l'unanimité que la Commune est un crime, il faut clore la discussion et fermer la Chambre. La Commune n'a rien à attendre d'irréconciliables ennemis.

C'est en vain que M. Raspail a pu dire que tous les hommes responsables du 18 mars n'étaient pas à Nouméa. C'est en vain que M. Clémenceau, en racontant les origines de la lutte, a mis à nu toutes les fautes et tous les torts de l'Assemblée et du pouvoir. C'est en vain que M. Lockroy a montré que les poursuites produisaient pour les industries parisiennes l'effet de la révocation de l'édit de Nantes. C'est en vain que M. George Périn a essayé de faire entendre les raisons politiques qui commandent de décréter l'amnistie.

Le dernier mot devait rester aux masses de l'assemblée qui se disait républicaine et qui a eu le courage de repousser l'amnistie comme injuste, immorale, dangereuse, inutile, impossible, impolitique. Quels hommes d'Etat ! ! !

Le rapporteur de la commission de l'amnistie était M. Leblond, et je suis douloureusement peiné de trouver mon vieil ami dans cette tourbe de trembleurs aveugles et de démocrates indignes de ce nom. Quand on a l'honneur d'appartenir à ce grand parti républicain qui a sauvé l'honnêteté politique sous l'Empire et qui est appelé à servir de trait d'union entre le vieux monde des exploitations capitalistes et les revendications du travail, il faut avoir le courage de regarder en face le problème à résoudre et de rompre ouvertement avec cette bourgeoisie qui n'a que l'insulte à la bouche et les sentences de guerre comme point d'appui. Lisez le discours que vient de prononcer le nouveau président de la Cour de cassation, à propos du remplacement de M. Renouard, et, dès ses premières paroles, il parle des *crimes et des infamies de la Commune*. Lisez le *Bulletin des communes*, et vous verrez la Commune jouer aux yeux des ruraux le rôle d'épouvantail fantastique.

Est-ce ainsi que la république, c'est-à-dire le gouvernement qui nous divise le moins, deviendra le régime qui nous rapproche le plus? Est-ce ainsi que doit se constituer l'entente du prolétariat et de la bourgeoisie?

Le Rapport de M. Leblond résume tout ce qui s'est dit et tout ce qui peut se dire à propos de l'amnistie, en partant de ce point de vue inique que la Commune a été un crime et une abomination.

En voici le résumé en quelques lignes empruntées au rapport lui-même : « La Commune n'a point été seulement » un entraînement de quelques jours ; elle a duré deux » grands mois. Elle a lutté jusqu'à la dernière heure avec » la plus effroyable énergie, et, en succombant, elle s'est » livrée aux excès les plus atroces et les plus odieux. » L'impression produite par ces événements a été profonde, » elle a été ressentie partout.

» Dans nos provinces, dans nos campagnes, on en parle » encore avec terreur. La pensée du pardon n'y a pas jus- » qu'ici pénétré. L'amnistie y semblerait une faiblesse et » comme une réhabilitation des plus déplorables excès. »

Autant d'erreurs que de mots, et comme la démonstration est faite, il nous suffira de relever ces assertions trompeuses.

Non, la Commune n'a pas été un entraînement : elle est née des attaques du pouvoir contre Paris et ce n'est pas là une révolte, c'est une révolution.

Non, les excès de la Commune n'ont pas été des crimes commis par elle, mais des représailles provoquées par les abominations de l'armée.

Non, il n'est pas vrai que le pays soit hostile à l'amnistie.

La preuve que le pays n'a pas les sentiments implacables du pouvoir, c'est que les pétitions présentées par les journaux radicaux dans les villes et dans les campagnes se couvraient de signatures, quand le gouvernement a brusquement et sans raison arrêté la présentation des listes. Ne dites donc pas que le pays repousse l'amnistie, puisque vous commencez par l'empêcher de parler et que vous ne cessez de tenir un bâillon sur la bouche de la France !

La royauté a créé l'unité française sur les ruines du système féodal.

La révolution a créé la souveraineté nationale sur les ruines de la monarchie, et cette révolution, en fondant l'égalité civile et l'égalité politique, a constitué un régime contre lequel viendront se briser toutes les réactions du monde monarchique, aristocratique et religieux.

Mais la révolution peut-elle s'arrêter à moitié route ? Non, sans doute, la justice qui a fait triompher le Tiers-Etat ne laissera pas le prolétariat en proie aux iniquités contre lesquelles il proteste et contre lesquelles il est fier d'avoir fait entendre la puissante voix de la Commune.

La bourgeoisie, qu'elle le sache bien, a tout intérêt à tendre la main aux travailleurs, qui ne demandent qu'à fraterniser. Les pouvoirs qui ne défendent que leurs priviléges finissent toujours par s'user, et les revendications d'en-bas, loin de faiblir jamais, ne font que se fortifier et grandir pour triompher un jour.

Le passé dit l'avenir. Est-ce que les catholiques n'ont pas été forcés de reconnaître la liberté de conscience et de tendre la main aux protestants ? Est-ce que la Convention n'a pas applaudi à l'œuvre de pacification de la Vendée et couvert par une généreuse amnistie le crime odieux d'une guerre civile si meurtrière et si prolongée ?

Et la république de 1870 ne ferait pas ce qu'a fait la Convention ! L'humanité tout entière proteste contre une pareille politique.

La France est le pays du suffrage universel ; le suffrage universel a pour guide l'opinion ; l'opinion a pour flambeau la justice. Eh bien ! l'amnistie, qui n'est que la politique de la justice, pénétrera l'opinion, pénétrera le suffrage universel, pénétrera le pays, et l'amnistie aura son jour.

Que la bourgeoisie ne l'oublie pas !

CHAPITRE XIII.

Encore quelques lignes comme épilogue et j'aurai fini.

Ce livre est comme le testament politique de ma vie. Je l'ai écrit sans haine et sans crainte, sans aucune pensée de représailles et de vengeance, sans aucun déguisement de la vérité, et surtout sans un désir de voir se raviver les plaies que je vois encore envenimées et saignantes.

A l'âge où je mets la dernière main à ce livre — quatre-vingt-trois ans! — je n'ai et ne puis avoir qu'une seule préoccupation : dire la vérité; et sur ce point je le déclare hautement, en montrant les choses comme elles se sont passées, en expliquant pour la Commune, la révolution, les fusillades et les incendies qu'on lui reproche, en montrant que le gouvernement de Versailles est plus coupable et a fait tomber mille fois plus de victimes que l'Hôtel-de-Ville, je n'ai fait qu'obéir au cri de ma conscience et rendre hommage à la stricte vérité de l'histoire.

A ce sujet, j'avoue en toute sincérité que ce livre : *La vérité sur la Commune*, est pour moi comme l'accomplissement d'un devoir, et l'espérance que sa publication contribuera à redresser les mensonges des historiographes officiels, sera la meilleure et la plus fortifiante pensée de mes derniers jours.

Je dis à tout le monde: Ne maudissez pas, ne proscrivez pas la Commune ! Ecoutez-la ; car tout homme, toute association, toute révolution a le droit d'être écoutée ; et quand vous l'aurez entendue, votre premier mouvement sera de jeter sur le passé le voile de l'oubli et de dire à la bourgeoisie et au peuple, au capital et au travail : Unissez-vous !

L'entente et la réconciliation pour signer un nouveau contrat social, tel est le but, et nous y marchons, quoi qu'on en dise, à grands pas !

Que d'étapes franchies depuis 1793!

Un jour Robespierre, accablé sous le poids de la lutte intérieure et extérieure qu'il soutenait pour fonder la République, se prit à méditer sur les difficultés et les crises de l'avenir. Oubliant les déchirements politiques, il se demanda quels seraient plus tard les déchirements sociaux, et il réfléchit longuement aux luttes qu'engendreraient le capital et le travail. Et sa méditation aboutit à cette douloureuse conclusion qu'il consigna dans une note trouvée dans ses papiers après sa mort.

« Il faut une volonté une.

» Il faut que cette volonté soit républicaine ou royaliste.

» Pour qu'elle soit républicaine, il faut des ministres républicains, des journaux républicains, des députés républicains, un pouvoir républicain.

» Quels seront nos ennemis ? Les riches et les vicieux.

» Quels moyens emploieront-ils ? L'hypocrisie et la calomnie.

» Quand viendra la paix? Lorsque l'intérêt des riches et
» celui du gouvernement seront confondus avec celui du
» peuple.

» Quand leur intérêt sera-t-il confondu avec celui du
» peuple? Jamais! »

Robespierre, en regardant comme irréconciliables les intérêts des riches et du peuple, des capitalistes et des travailleurs, se trompait entièrement, et cette erreur est in-
hérente à cette époque, où la science n'avait pas encore mis
à nu, comme de nos jours, les racines du capital et du travail.

Capital et travail ne sont que deux termes exprimant
deux situations différentes d'un seul et même phénomène,
qui est la production humaine sous toutes ses formes. Le
capital représente la production accumulée et réalisée, le
travail représente la production dans sa phase d'enfante-
ment. Et ces deux enfants d'une même souche ne pourraient s'entendre!

Pour moi, l'entente est inévitable, fatale, et j'y crois,
comme au soleil qui se lèvera demain !

Et voilà pourquoi je suis fier d'écrire *la Vérité sur la
Commune*, parce que la Commune est pour moi, comme
pour tous les esprits sincères qui la voient sous son véritable point de vue, la plus éclatante manifestation de la politique du travail dans le monde !

Aussi, mon dernier mot est-il pour adresser à la bourgeoisie et au peuple un suprême appel qui finira par être entendu.

A la bourgeoisie je dis :

Etes-vous pour la politique éternellement implacable ou pour la réconciliation? La politique implacable? Mais elle ne repose sur rien que sur la force, qui finit toujours par se rompre dans les mains de ceux qui l'emploient. Est-ce que les hommes libres n'ont pas été obligés de faire place aux esclaves? Est-ce que les serfs du moyen-âge ne sont pas devenus des citoyens? Est-ce que les serfs de Russie ne sont pas en train de se transformer en hommes libres? Ne parlons donc pas d'une politique qui n'a aucun sens dans l'histoire. Les nobles et les bourgeois ont été obligés, par la force des choses, de s'unir devant l'égalité civile et politique, et les bourgeois et les travailleurs seront amenés à consacrer le même pacte sur l'autel de la patrie.

Et alors, puisque le jour de la concorde doit se lever sur les déchirements passés, j'ajoute :

Plus de poursuites, parce qu'elles entretiennent les divisions et les luttes ;

Plus de clémence dérisoire, qui n'est qu'une injure de plus ajoutée aux tortures des six années que nous venons de traverser ;

Plus de ces inquisitions odieuses, de ces mesures blessantes, qui confondent des citoyens vaincus avec des malfaiteurs et des criminels. Plus rien qu'un mot: l'amnistie pleine et entière! comme effacement du passé, comme fondement de la paix fraternelle qu'attend la patrie.

Au peuple, je dis :

Vous ne pouvez pas plus supprimer la bourgeoisie que la bourgeoisie ne peut vous supprimer. Supprimer la bourgeoisie! De pareilles théories sont contraires à la nature humaine et à l'histoire. Où commence la bourgeoisie? Où finit-elle ? Où commence le prolétariat? Où finit-il ? La liberté du travail, la liberté de la propriété et la liberté politique sont trois grandes portes qui ont déjà introduit dans le monde du capital des bataillons. Que dis-je, des bataillons ! des armées de travailleurs.

Ces premières réformes ne sont-elles pas des gages de celles que nous revendiquons et que nous devons attendre de pied ferme. Est-il donc plus difficile de faire un contrat d'association pour le travail et le capital que de reconquérir la liberté ?

Etouffons donc la haine qui divise et laissons s'épanouir les pensées d'union qui germent de tous côtés dans les divers partis républicains. Cherchons les réformes et nous les trouverons. Tournons-nous du côté des évolutions et nous fermerons le cycle des révolutions. On a fait la terre et l'industrie libres. A nous de les organiser en faisant au capital et au travail une part légitime. Toute la politique est là !

Qu'ils se lèvent les esprits libres et les cœurs droits, capables de faire la lumière sur les problèmes obscurs, sur les points contestés de ces questions que la vie courante de notre temps met à l'ordre du jour de tous les peuples, aux Etats-Unis comme en Russie, en Allemagne comme en Italie, en Angleterre comme en Espagne. Qu'ils nous montrent la terre où il faut aborder, et ceux-là pourront se dire les Christophe Colomb du nouveau monde que nous poursuivons.

____

Et maintenant, en écrivant ces dernières lignes, je reporte involontairement mes regards en arrière et j'essaie de me rendre compte de la part que les événements m'ont fait prendre à la politique de mon temps.

Je le fais sans humilité et sans orgueil, en homme libre, fermement résolu à remplir mon devoir jusqu'au bout. Les hommes ne sont que des grains de sable, mais des grains de sable que la solidarité humaine doit cimenter pour fonder l'édifice indestructible de la démocratie moderne.

Pour remplir ce devoir, je constate qu'en toutes circonstances, en 1830, en 1848 et en 1870, je me suis invariablement trouvé à l'avant-garde des hommes politiques du siècle. Et comment ne pas marcher à l'avant-garde, quand on voit, sous prétexte de conservation sociale, toutes les routines du passé s'unir et se fortifier pour mettre obstacle à l'éclosion des idées nouvelles et à la réalisation des progrès qu'attend le prolétariat.

Je l'ai dit dans *Mes souvenirs* et je le répète avec une conviction inébranlable à cette dernière page : trois principes m'apparaissent dans l'humanité comme immuables, comme sacrés, comme appelés à rester éternellement debout pour être le triple fondement de l'ère nouvelle que le travail entr'ouvre devant nous. Ces trois principes sont :

L'homme libre ;

La famille libre ;

Le travail libre.

Ces trois principes se retrouveront vivants dans les transformations que produira la révolution du capital et du travail, et devant les douloureux mécomptes que le communisme n'a cessé de faire subir aux travailleurs ; j'ai la ferme conviction que ces trois principes finiront par composer l'idéal qui ralliera les différents groupes du socialisme.

L'Internationale et le socialisme en sont encore aux opinions contraires. Ce sont là les notes discordantes de l'orchestre cherchant l'harmonie de l'avenir. L'harmonie viendra ; mais si la musique ne peut la trouver que dans les

notes justes, la société ne peut, de son côté, l'obtenir qu'en
s'adressant à des principes immuables et vrais. La liberté
pour l'homme, pour la famille et pour le travail, est incontestablement pour moi ce principe sacré, et c'est pour le
faire rayonner aux yeux de l'avenir que je dis comme nos
pères :

LIBERTÉ, ÉGALITÉ, FRATERNITÉ.

ANNEXE

(Voir page 6.)

L'AFFAIRE MARIN.

Je ne voulais point revenir sur ce procès. Mais le cri de l'opinion publique sonne si haut et si énorme qu'il faut le reproduire quand même. L'histoire sociale a le devoir de noter ces monstruosités.

Par le deuxième conseil de guerre, séant à Paris le 28 avril dernier, et présidé par le colonel Desandré, Marin, accusé de participation aux événements de la Commune, *vient d'être condamné à mort pour la quatrième fois ! ! !*

Voici les dates des divers jugements :

15 novembre 1872. Première condamnation à mort contumace.

Mars 1876. Seconde condamnation à mort contradictoire.

22 septembre. Ce jugement est cassé.

13 novembre 1876. Troisième condamnation à mort. Cassation de l'arrêt fin 1876.

28 avril 1877. Quatrième condamnation.

Est-ce la dernière et la bonne cette fois?

Je ne discute pas la culpabilité de Marin. Fût-il cent fois plus coupable, réfléchissez sur ce fait : un homme condamné quatre fois de suite à la peine capitale. Trois fois la mort enfonce sa griffe dans l'épaule du misérable pour le

13

traîner devant les canons des fusils, trois fois il lui échappe. Incarcéré depuis plus d'un an, il se demande chaque jour, chaque heure, chaque minute : « Est-ce pour ce soir ou pour demain ? » Il doit expier ses crimes, dites-vous. Allons donc ! il les expie depuis quinze mois. Vivant, il est déjà mort quatre fois.

Voyons, la main sur la conscience, croyez-vous que ces choses soient admissibles, soient possibles ? Estimez-vous maintenant vos codes impeccables ? N'entendez-vous pas se détraquer et crouler votre sombre édifice judiciaire ? Ne lisez-vous pas sur toutes les lèvres ce cri de : « Grâce ! » qui s'échappe de toutes les poitrines haletantes ? Le fusillerez-vous quatre fois, l'ayant condamné quatre fois !

Inutile d'ajouter qu'auprès du gouvernement, assemblée, ministère, président de la république, commission des grâces, le fait a passé inaperçu et a glissé comme une lettre à la poste. Inutile d'ajouter aussi que le touchant appel du journal auprès de la gauche républicaine n'a pas eu plus de succès. Mais l'opinion s'en est émue et la conscience publique se dit que les récits de la bourgeoisie doivent ressembler à sa justice.

Il arrivera un jour où la postérité aura peine à croire à l'exactitude de faits si horribles. Ce jugement du fédéré Marin, condamné QUATRE FOIS à mort, n'est-il pas le digne pendant du supplice de Martin Bidaux, fusillé DEUX FOIS par les sicaires du 2 décembre.

TABLE DES MATIÈRES

Chapitre III.

Chapitre IV.

Chapitre V.

Chapitre VI.

Chapitre VII.

Chapitre VIII.

Chapitre IX.

Chapitre X.

Chapitre XI.

Chapitre XII.

Chapitre XIII.